Abenteuer
ESKAPADEN
AUSZEIT
AUSGLEICH
Wochenende
LÄCHELN
STADT.LAND.
FLUSS.
LEICH
FREE
ERLEBEN
KEIT
GRÜN
kleine
Fluchten
Wege
Lebensfreude
NATUR
GLÜCK
von Julia Patzenhauer

Nur ein paar Stündchen

Nix wie raus, ganz schnell ins Grüne. Auch mit wenig Zeit lässt sich Großartiges erleben. Kleine und große Abenteuer warten direkt vor der Haustür.

4H

Raus für einen Tag

Man muss nicht das Land verlassen, um neue Welten zu entdecken. Einfach mal einen Tag lang raus aus dem Alltagsallerlei und rein in die Natur.

12H

Ferien für ein Wochenende

Warum auf die große Auszeit warten, wenn man einen Wochenendtrip in der Nähe machen kann? Vergnügen, Abenteuer und Wohlgefühl kompakt und intensiv.

36H

LIEBE LESERIN, LIEBER LESER,

in Thüringen liegt Vieles nah'. Und so überrascht es nicht, dass man vom idyllischen Gera-Ufer und dem heimeligen Petersberg in Erfurt in unter einer Stunde bereits in den wild-romantischen Thüringer Wald gelangt.

Welche Assoziation haben Sie mit Deutschlands grüner Mitte? Der Rennsteig ist sicherlich ein Begriff. Rund um den bekannten Höhenwanderweg können jedoch auch Schluchten durchquert, Felsen erklommen und Flüsse bezwungen werden. Von Höhepunkten im Wald führen traumhafte Radwege zurück ins Tal. Und rund um Erfurt sorgen der Hainich, das Kyffhäusergebirge und das Weimarer Land für kleine Alltagsfluchten.

Viel Freude beim Entdecken der Eskapaden in Erfurt und dem Thüringer Wald wünscht Ihnen, dir und euch

Julia Patzenhauer

PS: Informationen zum GPX-Download gibt's auf Seite 224.

AUSZEIT.
ABENTEUER.
LEBENSFREUDE.

1. KAPITEL ABSTECHER

Nur ein paar Stündchen

4H

Sich vom Wasser leiten lassen, Hobbygärtnern über die Schulter schauen oder die Früchte der umliegenden Natur entdecken. Der Feierabend kann so vielseitig sein ...

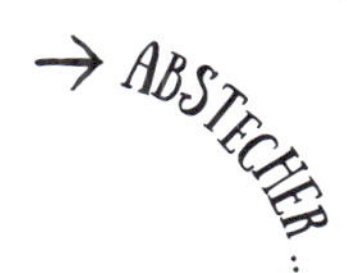

FRÜHLING AM FLUT-GRABEN

Auf der Suche nach den ersten Frühlingsboten ist ein Spaziergang entlang des Erfurter Flutgrabens ein guter Ausgangspunkt. Die Bäume im Thomas- und Luisenpark schützen vor kaltem Wind und am Ende wartet ein gemütliches Café mit heißen Getränken oder Eis – je nach Wetterlage.

#demFrühlingaufderSpur #Frühblüher #Kaffeepause

Sie sind das sichere Zeichen, dass der Winter vorüber ist, und wer sie findet, dem blüht das Herz auf! Bei einem Spaziergang entlang des Erfurter Flutgrabens kann man viele Frühblüher in Gelb, Blau und Violett entdecken. Hier sprießen Blausternchen, dort strecken Narzissen ihre Köpfe der Frühlingssonne entgegen. Der Weg, der am Löberwallgraben beginnt, eignet sich auch hervorragend für eine Tour mit dem Fahrrad und für Familien mit Kindern. Die Strecke ist eben, hat kaum Steigungen und es sind gleich drei Spielplätze unterwegs zu finden.

Hin & weg: Straßenbahn-Haltestelle Kaffeetrichter Linie 1 und 6. Am Espach Café denselben Weg zurücklaufen oder Bushaltestelle Straße des Friedens Linie 51 bzw. Straßenbahn-Haltestelle Gothaer Platz Linie 2 und 4.

Beste Zeit: Ende Februar bis April.

Dauer & Strecke: 1–2 Std. für 3 km (Hin- und Rückweg).

Ausrüstung: Übergangsjacke und Sonnenbrille, eventuell Zeichenmaterial oder Geocaching App (Premiumversion).

Am Thomaspark lohnt sich ein kleiner Abstecher auf den Hügel gegenüber der Thomaskirche. Die violetten Lenzrosen untermalen den Blick auf das Gotteshaus, zwei Bänke laden zum kurzen Verweilen oder zum Zeichnen der neugotischen Kirche ein. Neugierige Geocacher sollten jedoch links abbiegen. Auf sie wartet ein anspruchsvoller Rätselcache um die Legende des Schatzes der Thomaskirche.

Weiter geht es durch die Unterführung an der Puschkinstraße. Bunte Streetart-Tiermotive verzieren die einst grauen Wände und machen diesen kurzen Abschnitt zu einem echten Hin-

Im ehemaligen Bademeister-Häuschen lässt sich die Frühlingssonne im Wintergarten des Espach Café genießen, während die Kinder draußen toben.

gucker. Nun führt der Weg unmittelbar am Flutgraben entlang, vorbei an einer wahren Narzissen-Pracht. Es folgen mehrere Brücken mit eisernen Geländern. Wer hier innehält und dem Wasser einen Moment beim Rauschen zusieht, kann entschleunigen und sich selbst etwas in Gedanken verlieren. Besonders zauberhaft ist der Garten eines Wohnhauses am Wilhelmsteg. Hier blühen unzählige Krokusse, Gänseblümchen und viele weitere Frühblüher!

Ein richtiger Blüten-Teppich sprießt nach dem Friedrichsteg am Rande des Weges im Luisenpark, unmittelbar am Beginn der großen Allee. Es ist der Hohle Lerchensporn, der in Violett und Weiß die Spaziergänger verzaubert. Kurz darauf erschließt sich an der rechten Seite ein großer Platz mit Zugang zum Espachteich, Spielplatz und dem Espach Café (www.espachcafe.de). Eine gute Gelegenheit zum Verweilen und um den ersten Freiluft-Cappuccino der Saison zu genießen oder aber den Rückweg auf derselben Strecke anzutreten.

FAZIT: MIT DEM BLICK FÜRS DETAIL IST EIN SPAZIERGANG ENTLANG DES FLUTGRABENS SCHON IM ZEITIGEN FRÜHLING ABWECHSLUNGSREICH UND BEZAUBERND.

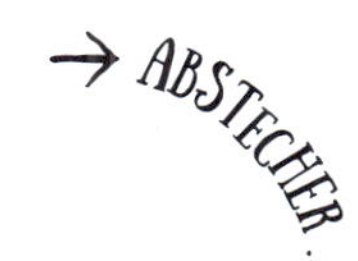

DER ZAUBER DER BLÜTEN

#2

Was symbolisiert den Frühling besser als ein blühender Kirschbaum? Richtig, viele blühende Kirschbäume, die ihre Betrachter verzaubern und herrliche Fotomotive bilden. In Erfurt gibt es gleich drei bemerkenswerte Orte dafür!

#FrühlingsFotospots #rosaBlütenmeer #wieinJapan

Die Zeit der Kirschblüte markiert den Anfang des Frühlings. In Japan steht sie für Schönheit, Aufbruch und Vergänglichkeit.

In Erfurt gibt es gleich drei Orte, an denen man den Zauber der Kirschblüte auf besondere Art und Weise auf sich wirken lassen kann.

Natürlich können alle einzeln besucht werden. Es bietet sich aber auch die Möglichkeit, alle drei Kirschblüten-Hotspots zu verbinden.

Ein guter Startpunkt dafür ist die Maximilien-Welsch-Straße in der Nähe vom Theater Erfurt. An dieser Ecke würde man wohl kaum mit so einem gewaltigen Blütenmeer rechnen! Umgeben von modernen Büro- und Wohngebäuden, sticht die Wiesenfläche an der Gera mit ihrer geballten Ladung an Kirschblüten heraus. Zwei Bänke laden zum kurzen Verweilen ein, bevor man sich auf den Weg zum zweiten rosaroten Frühlingstraum macht.

Mit der Straßenbahn gelangt man am schnellsten vom Theater zum egapark. Auf dem Gelände der Erfurter Gartenbauausstellung sind die Kirschbäume, die rosarot und weiß blühen, in einer ganz besonderen Atmosphäre zu finden. Ein Spaziergang durch den Japanischen Fels- und Wassergarten gleicht einer Reise in den fernen Osten. Dieser prächtige Garten wird beim Japanischen Gartenfest, welches im Mai stattfindet, eindrucksvoll in Szene gesetzt. Das traditionelle Hanami–Kirschblütenfest ist der weiß blühenden Japanischen Maien-Kirsche gewidmet. Auch diese blüht hier zwischen den Felsen, Holzbrücken und kleinen Tempeln in ihrer vollen Pracht.

Nach dem eindrucksvollen Japanischen Garten schweift der Blick im Botanisch-Dendrologischen Garten unterhalb des ega-Geländes weiter in die Ferne. Den egapark am Südeingang verlassend, findet man sich unmittelbar gegenüber diesem Garten wieder. Ursprünglich wurde er für Studienzwecke angelegt.

Der Japanische Fels- und Wassergarten im egapark Erfurt folgt dem Leitprinzip der japanischen Gartenkunst. Er schafft ein Gleichgewicht zwischen natürlicher und künstlicher Schönheit.

1959 beschloss die Stadt Erfurt hier die Pflanzenfamilie der Rosengewächse darzustellen. Die blühenden Kirschbäume indes sind im Park heimisch und laden zu einem gemütlichen Frühlingspicknick mit der ganzen Familie ein! Besonders der alte, knorrige Kirschbaum im Zentrum des Gartens zieht die Blicke der Vorbeikommenden auf sich. Wer hier eine Pause auf einer der Parkbänke einlegt, kann genüsslich dem emsigen Treiben der Bienen über sich lauschen.

FAZIT: VON DIESEM BLÜTENMEER BEKOMMT MAN NICHT GENUG! ABER MAN MUSS SCHNELL SEIN, UM DEN ZAUBER NICHT ZU VERSÄUMEN …

Hin & weg: Maximilian-Welsch-Straße: Straßenbahnhaltestelle Theater. Von dort ca. 5 Min. Fußweg bis zur Ecke Bonemilchstraße. Japanischer Fels- und Wassergarten: Straßenbahnhaltestelle egapark. Dann ca. 10 Min. Fußweg bis zum Japanischen Garten. Verlassen des Geländes über den Südeingang, um zum Dendrologischen Garten zu gelangen.

Botanisch-Dendrologischer Garten: Bushaltestelle Cyriakstraße. Dort befindet sich der Eingang zum Garten und die ersten Kirschbäume sind schon zu sehen.

Beste Zeit: Ende März bis Mitte Mai. egapark mit Eintritt. Öffnungszeiten, Preise und Veranstaltungen unter www.egapark-erfurt.de

Dauer: 2–3 Std.

Ausrüstung: Fotoapparat oder Smartphone.

BLUMEN, GÄRTNER UND GESCHICHTE

… in der Orangerie des Schloss Belvedere

#3

Viele Schlösser verwahren alte Schätze. Dieses birgt aber auch einen neuen: die moderne Ausstellung im Gärtnerhaus der Orangerie, die man durchaus als Schatz bezeichnen kann! Dazu strahlt der beeindruckende Blumengarten neben den Gewächshäusern mit der Frühlingssonne um die Wette.

#Riesengewächshaus #Blumentraum #Gärtnergeschichten

→ ABSTECHER ...

Die Orangerie strahlt noch schöner, sobald die tropischen Pflanzen herausgeräumt werden.

Südlich von Weimar liegt auf einer bewaldeten Anhöhe das Schloss Belvedere. Die barocke Sommerresidenz der Familie von Sachsen-Weimar und Eisenach birgt in ihrem weitläufigen Park einen herrlichen Lust- und Irrgarten. Bereits die ersten Schritte bis zum Schloss sind überraschend. An Wochentagen werden sie umrahmt von den Klängen klassischer Musik. Schüler des Musikgymnasiums Schloss Belvedere üben hier fleißig auf ihren Instrumenten.

Fröhlich beschwingt am Schloss angekommen, gibt es eine besondere Möglichkeit, sich einen Überblick über die Anlage zu verschaffen. Im Westpavillon des Schlosses, der kostenfrei besichtigt werden kann, befindet sich ein interaktives Parkmodell. Es zeigt nicht nur die Schloss- und Parkanlage, sondern auch vier ganz unterschiedliche Geschichten aus der Vergangenheit als Videoanimation. Dass ein Spaziergang durch diesen Park ein besonderes Erlebnis ist, wird hier greifbar.

Vom Schloss Belvedere führt der Weg Richtung Osten anschließend zur Orangerie. Ein eisernes Tor lenkt den Blick direkt in die Mitte der U-förmig angelegten Gebäude, auf den sprudelnden Brunnen. Er ist bereits von zarten Frühblühern umsäumt. Die exotischen Pflanzen hingegen halten noch Winterschlaf in den riesigen Gewächshäusern. Das Gebäude in der Mitte der Orangerie ist kein solches Gewächshaus, sondern das ehemalige Gärtnerwohnhaus. In ihm verbirgt sich heute eine kleine, aber sehr liebevoll und modern gestaltete Ausstellung über das Leben der Gärtner im Schloss Belvedere. »Hüter der goldenen Äpfel« ist ein passender Titel, der die Besonderheit dieser Ausstellung bereits anreißt. Der Eintritt ist kostenfrei.

Hin & weg: Bushaltestelle Belvedere, Weimar oder Parkplatz am Schloss Belvedere, Neu-Ehringsdorf 2A, 99425 Weimar.

Beste Zeit: März bis Mai. Aktuelle Informationen unter www.klassik-stiftung.de/schloss-und-park-belvedere

Dauer: 2 Std.

Ausrüstung: Sonnenbrille, Lesebrille, App Weimar+.

Unmittelbar neben der Orangerie befindet sich der Blumengarten. Im Frühling bringt er die großen roten Fenster des historischen Gewächshauses förmlich zum Strahlen, so kräftig blühen Tulpen und Narzissen in den herrlichsten Farben. Es ist eine Wohltat, hier für einen Moment zu sitzen und die Kraft und Lebendigkeit dieser Jahreszeit in sich aufzusaugen.

Wer jetzt noch Lust und Zeit hat, kann sich in der Parkanlage genüsslich umschauen und

Die Spur der bereits ausgestorbenen Mörtelbiene ist auch nach über 120 Jahren noch gut erkennbar.

vielleicht auch ein wenig verirren. Mit der App Weimar+ können dabei weitere Geheimnisse der Gärten am Schloss Belvedere entdeckt werden. Das erste wartet bereits in unmittelbarer Nähe, an den Ornamenten der Fenster am Südflügel der Orangerie.

FAZIT: ZWISCHEN BLUMENBEETEN UND EINEM IRRGARTEN WERDEN SPANNENDE GESCHICHTEN AUS LÄNGST VERGANGENER ZEIT MODERN ERZÄHLT.

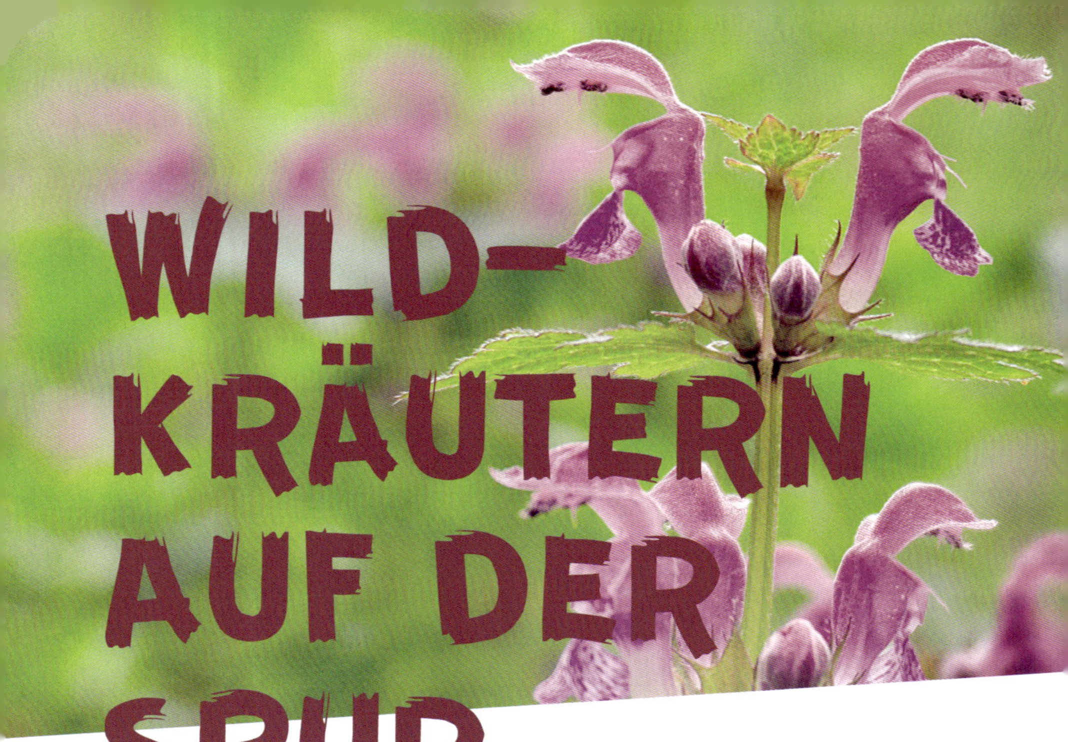

WILD-KRÄUTERN AUF DER SPUR

... im Erfurter Steigerwald

#4

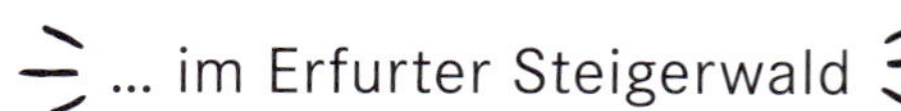

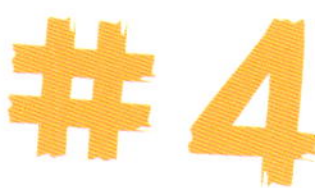

Der Erfurter Steigerwald ist ein beliebtes Ziel für einen Sonntagsspaziergang, zum Joggen und Gassigehen. Im Frühling bietet er aber auch einen reichhaltigen Schatz an heimischen Kräutern. Wer sie kennt, kann sich hier einen bunten Strauß natürlicher Gesundmacher pflücken.

#essbareKräuter #GesundimFrühling #vonSmoothiebisSalbe

Violette und gelbe Taubnesseln verleihen dem Erfurter Steigerwald im Frühling bunte Farbtupfer.

→ ABSTECHER …

Wildkräuter feiern gerade ein Comeback! Immer mehr Menschen besinnen sich auf die Wirkung von Pflanzen, die in ihrer unmittelbaren Umgebung wachsen. Dafür braucht man nicht unbedingt einen Garten. Auf Wiesen und in Wäldern finden sich viele heimische Kräuter, die wir uns für unsere Gesundheit zunutze machen können. So auch im Erfurter Steigerwald.

Das Restaurant Waldkasino ist ein guter Ausgangspunkt für eine Kräuterwanderung. Von hier aus schlängelt man sich mit wachen Augen entlang der Wanderwege und über Wiesen. Eine Regel sollte klar sein – nicht direkt am Wegesrand pflücken, wo häufig Hunde entlanglaufen. Und von allen Kräutern immer nur einen Handstrauß mitnehmen.

Ansonsten sollte man sich im Vorfeld mit den heimischen Kräutern beschäftigt haben oder aber an einer geführten Kräuterwanderung teilnehmen, die auch hier regelmäßig im Frühling und Herbst angeboten wird.

Und dann kann's losgehen! Wie wäre es mit einem Snack? Wer nicht nur auf den Waldboden, sondern auch nach oben schaut, wird

einige Lindenbäume entdecken. Die jungen Blätter der Linde schmecken nussig und süß. Nach oben streckt sich auch das Klettenlabkraut, während es sich an anderen Pflanzen emporklimmt. Sicherlich hat es jeder schon einmal gesehen. Wer es anfasst, weiß, weshalb es auch Klebkraut genannt wird. Es stärkt das Immunsystem, ist sehr schmackhaft und kann Speisen verfeinern oder im Smoothie oder Wasser getrunken werden.

Weitere bekannte Pflanzen im Wald sind Spitz- und Breitwegerich oder violette und weiße Taubnesseln, aus deren Blättern und Blüten man Tee zubereiten kann. Wer seinen Salat aufpeppen möchte, sollte Ausschau halten nach Knoblauchsrauke und Giersch. Beide können, gemischt mit weiteren Kräutern, auch für Kräuterbutter oder als Füllung für Ravioli verwendet werden. Sehr vielfältig ist Löwenzahn. Er eignet sich ebenso für Salat, aus seinen Blüten kann wiederum Löwenzahnhonig hergestellt werden.

Am bekanntesten und beliebtesten jedoch ist der Bärlauch! Auch dieser ist im Steigerwald zu finden, nicht zu verwechseln mit dem giftigen Maiglöckchen. Vor allem die jungen Blätter duften und schmecken intensiv, zum Beispiel in Butter, Salat oder Pesto.

Hin & weg: Bushaltestelle Am Waldkasino oder Parkplatz am Waldkasino, Am Waldkasino 2, 99096 Erfurt.

Beste Zeit: März bis Mai. Geführte Wanderungen gibt es zum Beispiel bei www.wildrausch.de

Dauer: 1–2 Std.

Ausrüstung: Korb, Messer, ggf. Flora Incognita App, Gummistiefel bei feuchten Wiesen.

Nach einer Kräuterwanderung schmeckt eine frisch hergestellte Kräuterbutter doppelt gut!

Alle gepflückten und essbaren Wildkräuter schmecken am besten, wenn sie schnell verarbeitet werden. Das geht direkt im Wald! Butter und Brot dabei? Dann können die Kräuter direkt zerkleinert und für ein kleines Picknick als Topping genutzt werden. Schmecken lassen!

FAZIT: FÜR EINEN GESUNDEN LEBENSSTIL BRAUCHT ES KEINEN GANG IN DIE APOTHEKE, SONDERN LIEBER IN DEN HEIMISCHEN WALD.

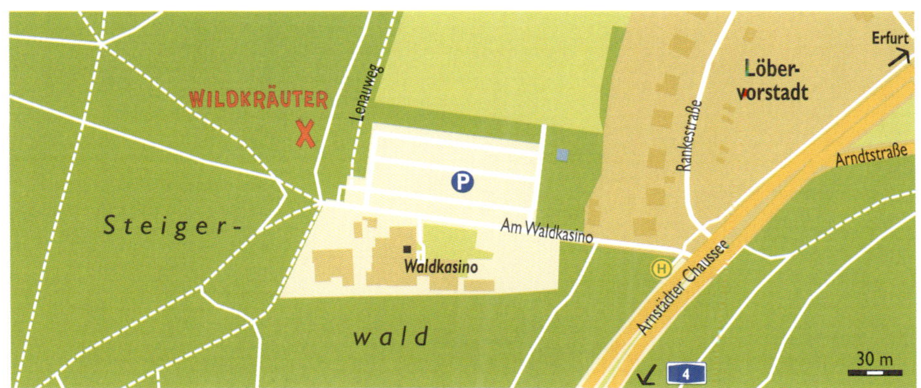

LAGUNE

DIE STADT ZUM GRÜNEN BRINGEN

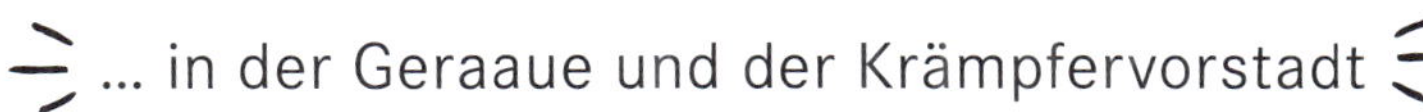

Einen eigenen Garten zu pachten ist mit einem hohen Aufwand verbunden und braucht Wissen und Ausrüstung. Warum also nicht gemeinsam gärtnern? Nach diesem Motto laden die Gemeinschaftsgärten in der Geraaue und in der Krämpfervorstadt jede und jeden ein, dabei zu sein!

Urbaner Garten statt betonierter Fläche. Die Gärten für Alle begrünen die Stadt.

Im Erfurter Norden hat sich die Geraaue seit der Bundesgartenschau zu einer grünen Oase für Radfahrer und Familien gewandelt. In diesem lebhaften Umfeld hat eine Gruppe neugieriger Frauen einen Stadtgarten gegründet. Die Idee samt Umsetzung gab es schon während der Bundesgartenschau 2021. Am Gera-Radweg, unweit der Radrennbahn, hat sich eine neue Fläche gefunden, die zunächst undurchdringlich schien. Durch viel Engagement und ein Crowdfunding wurde sie aber zum Leben erweckt und konnte sogar einige Buga-Pflanzen retten!

Der Gemeinschaftsgarten Geraaue ist nach der Idee des Urban Gardening und dem Konzept der Permakultur aufgebaut. Über 20 engagierte Frauen verstehen sich hier als Stadtbegrünerinnen und Beziehungsstifterinnen. Ziel des Gemeinschaftsgarten ist es, eine lebendige Grünfläche zu schaffen, von der Mensch und Tier gleichermaßen profitieren. Keine Ahnung vom Gärtnern? Kein Problem! Alle sind willkommen und können sich das Wissen rund um den Aufbau des Gartens, Permakultur-Hacks und der Verwendung von Gemüse, Obst und Kräutern von Grund auf erklären lassen. Oder natürlich bereits gesammelte Erfahrungen mit einbringen. Klassisches

---

Hin & weg: Gemeinschaftsgarten Geraaue: Berliner Straße 54a, 99091 Erfurt. Direkt am Gera-Radweg. Straßenbahn-Haltestelle Vilniuser Straße, Erfurt. LAGUNE Erfurt: Werner-Uhlworm-Straße 20, 99085 Erfurt. Straßenbahn-Haltestelle Leipziger Platz, Erfurt. Linie 4.

Beste Zeit: März – Oktober. Veranstaltungen und Kontaktdaten: stadtgaertnerinnenerfurt.wordpress.com, www.laguneerfurt.de

Dauer: 2–3 Std.

Ausrüstung: Gute Laune, Sonnenhut und Kleidung, die auch mal dreckig werden darf.

Gemüse gemeinsam anbauen, ernten und auch essen! Die Gemeinschaftsgärten laden regelmäßig zu geselligen Runden und Events ein.

Beet, Hochbeet, Schlüssellochbeet? Alles ist möglich und neben Obst und Gemüse dürfen natürlich auch Blumen nicht fehlen.

Ein solches Konzept des gemeinsamen Gärtnerns hat sich auch in der Krämpfervorstadt seit einigen Jahren etabliert. Die ehrenamtlichen »Lagunauten« und »Lagunitas«, die eine ehemalige Brachfläche als Gemeinschaftsgarten entwickeln, haben dafür sogar einen Verein gegründet. LAGUNE Erfurt e. V. steht für Lokale Aktionsgruppe Urbanes Natur Erleben. Und Natur-Erlebnisse gibt es in diesem Nachbarschaftsprojekt so einige! Von regelmäßigen Treffen mit Pizzabacken über thematische Abende und kulturelle Angebote für Erwachsene und Kinder. Die Lagune versteht sich als Bildungsort für harmonische Begegnungen mit Menschen und Natur.

Beide Gärten stehen offen für alle, die Lust haben, ihren grünen Daumen zu suchen. Das gemeinsame Gärtnern und regelmäßige Treffen zu Picknick und Plausch ist der Schlüssel zum Erfolg. Der zeitliche Aufwand zur Pflege der Beete wird geteilt, Neugier und Offenheit werden gefördert und dabei ein Bewusstsein für unsere Umwelt entwickelt. Mit ganz viel Liebe und Hingabe werden Veranstaltungen von Saisonstart bis -ende angeboten. Wer einmal in einem Gemeinschaftsgarten war, möchte immer wiederkommen und mit anpacken!

FAZIT: LUST AUF GARTEN, ABER KEINE AHNUNG? GEMEINSAM WIRD DAS GÄRTNERN ZUM ERFOLGSERLEBNIS!

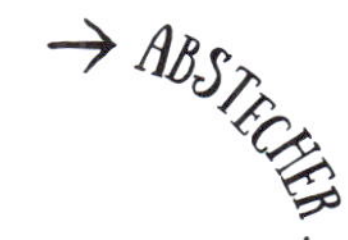

AUF DIE PLÄTZE, FERTIG, LOS!

Für einen erfolgreichen Ausflug mit der ganzen Familie ist es wichtig, dass an alle Bedürfnisse gedacht wird. Nicht ganz einfach, aber mit dem Freizeit-Aktiv-Park in Seebach kommt man schon sehr nah ran. Lust auf Bewegung an der frischen Luft? Dann los!

#Familienzeit #Sportfrei #FreudeamRollen #Qualitytime

Sportplätze sehen in vielen Orten ähnlich aus: Es gibt einen Fußballplatz, der gegebenenfalls mit einer Laufbahn für den Schulsport ergänzt ist. Die Gemeinde Seebach im Wartburgkreis wollte sich damit nicht zufrieden geben und hat einen Park für alle Generationen geschaffen, der einfach nur Spaß macht!

Egal, ob man seine Freizeit lieber mit Ballsport oder auf Rädern verbringt. Hier kann beides kombiniert oder neu ausprobiert werden. Und es wird auch nicht langweilig, sich bewusst und intensiv seiner Lieblingssportart zu widmen. Der Park stellt im Zentrum eine große eingezäunte Fläche für Ballsportarten inklusive Beach-Volleyballplatz zur Verfügung. Rundherum darf gerollt werden. Die achtförmige Skate-Bahn ist bestens geeignet für Fahrräder, Laufräder, Inline-Skates oder auch Skikes, auf denen der Skiverband aus der Region im Sommer hier trainiert. Während rund um den Ballsportplatz viel los ist, geht es auf der höher gelegenen Fläche ruhiger zu. Ein guter Bahnabschnitt, um das Fahrradfahren zu lernen! Hier sind auch die Kleinsten bestens aufgehoben. Neben Picknickbänken findet sich ein liebevoll gestalteter Spielplatz mit Rutschen, Schaukeln und einer Seilbahn.

Hin & weg: Parkplatz Am Sportplatz 1, 99846 Seebach.

Beste Zeit: April bis Oktober.

Dauer: 2–4 Std.

Ausrüstung: Bälle, Fahrzeuge auf zwei oder vier Rädern, Sonnencreme, Picknickdecke.

Vom Laufrad bis zum Skateboard – der Freizeit-Aktiv-Park bietet Roll-Möglichkeiten für alle Altersklassen.

Wer nicht nur Picknicken, sondern sogar Grillen möchte, der kann den Grillplatz neben dem Kinder- und Jugendclub Red Cube nutzen. Ein toller Platz, um den Kindern und Jugendlichen zuzuschauen, die sich mit BMX und Rollern auf dem Pumptrack ausprobieren. Sprünge und Tricks können auf dem Skatepark schräg gegenüber trainiert werden. Dazwischen liegt ein kleiner Fitnessbereich mit einer Calisthenics-Anlage.

Auspowern ist hier Programm und wird garantiert nicht langweilig! Zum Abschluss eines aufregenden Tages ist ein Besuch des Restaurants Waldhaus Köhlerhütte (waldhaus-koehlerhuette.de) im Nachbarort Schmerbach empfehlenswert. Es bietet einen tollen Ausblick auf den Inselsberg, einen kleinen Spielplatz und hochwertige, regionale Küche.

FAZIT: SPORT MACHT SPAẞ, BESONDERS WENN ALLE AUF IHRE KOSTEN KOMMEN!

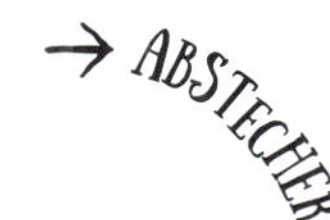

BADEN, WASSERSKI UND CHILLEN

Mit einem Ausflug an den Nordstrand genießt man viele Möglichkeiten für einen besonderen Feierabend: Baden mit Sand unter den Füßen, Wasserski auf dem See oder Chillen an der Beachbar. Für jede Option bietet sich ausreichend Platz, um zur Ruhe zu kommen oder nochmal richtig aufzudrehen.

Heiße Sommertage bringen die Sehnsucht nach Urlaub und einem Feierabend mit sich, der lange in Erinnerung bleibt. Großes Potenzial dafür hat der Freizeit- und Erholungspark Nordstrand in Erfurts Johannesvorstadt. Die ehemaligen Kiesgruben können bei einem ausgiebigen Spaziergang umrundet werden, wobei der See durch eine schwimmende Brücke in der Mitte begehbar ist. Eine wackelige, aber wunderschöne Möglichkeit, das Wasser auch unter den Füßen zu spüren.

Die zweite Option, Wasser unter die Füße zu bekommen, ist beim Wasserski oder Wakeboarden. Auf den Brettern, die viel Feingefühl und Gleichgewicht bedeuten, wird Runde um Runde auf der etwa 16 Hektar großen Wasserfläche gedreht. Geübte Boarder können auf Sprungelementen ihr Können unter Beweis stellen. Unmittelbar neben dem Einstieg zur Wasserski- und Wakeboardanlage befindet sich der Bamboo Beach Club. Eine tolle Gelegenheit, bei einem Cocktail zu versacken und die Sonne hinter den Bäumen untergehen zu lassen.

Erholung und Ruhe hingegen bieten die gepflegten Rasenflächen und alte Baumbestände rund um den See. Besonders idyllisch ist

---

Hin & weg: Bushaltestelle Eislebener Straße Linie 9, Parkplatz an der Straße Zum Nordstrand. Eingang an der Straße Zum Nordstrand oder in der Hauptsaison auch gegenüber an der Straße Neuer Weg.

Beste Zeit: Juni – August. Zugang zum Nordstrand mit Eintritt. Öffnungszeiten, Preise und Angebote unter www.nordstrand-erfurt.de

Dauer: 3–4 Std.

Ausrüstung: Badesachen, Sonnencreme, ein gutes Buch oder gute Freunde.

Einige Runden Wasserski beleben Körper und Geist, das Zuschauen beruhigt. Auf beides darf man sich am Erfurter Nordstrand freuen.

die kleine Landzunge, die ins Wasser hineinragt. Dorthin verkriechen sich die Badegäste, die ein gutes Buch im Schatten der Bäume genießen wollen. Oder diejenigen, die Interesse am Tauchsport haben. Denn am südlichen Zipfel des Nordstrands, direkt hinter den Beach-Volleyball Feldern, befindet sich die Tauchschule Yellow Submarine. Neben Tauchstunden bietet sich hier auch die Gelegenheit ein Stand-up-Paddleboard auszuleihen oder einfach an der Bar den Blick auf den See zu genießen. Dabei lässt sich manchmal auch ein Yogakurs beobachten, der sich auf die breiten, schwimmenden Bretter wagt und die Yogapraxis auf das nächste Level bringt.

Der See kann aber auch ganz klassisch am bewachten Sandstrand genossen werden. Dort, wo sich viele Familien unter dem Schatten der Bäume tummeln, liegt es sich bequem an der Böschung oder ganz oben auf der Wiese. Das Wasser im See kühlt ab, die Sonne auf dem Bauch wärmt auf und ein paar Pommes vom Bistro schmecken nach Sommerlaune.

FAZIT: DER FEIERABEND AM NORDSTRAND KANN LEBHAFT ODER RUHIG VERBRACHT WERDEN. ER BLEIBT AUF JEDEN FALL NOCH LANG IN ERINNERUNG.

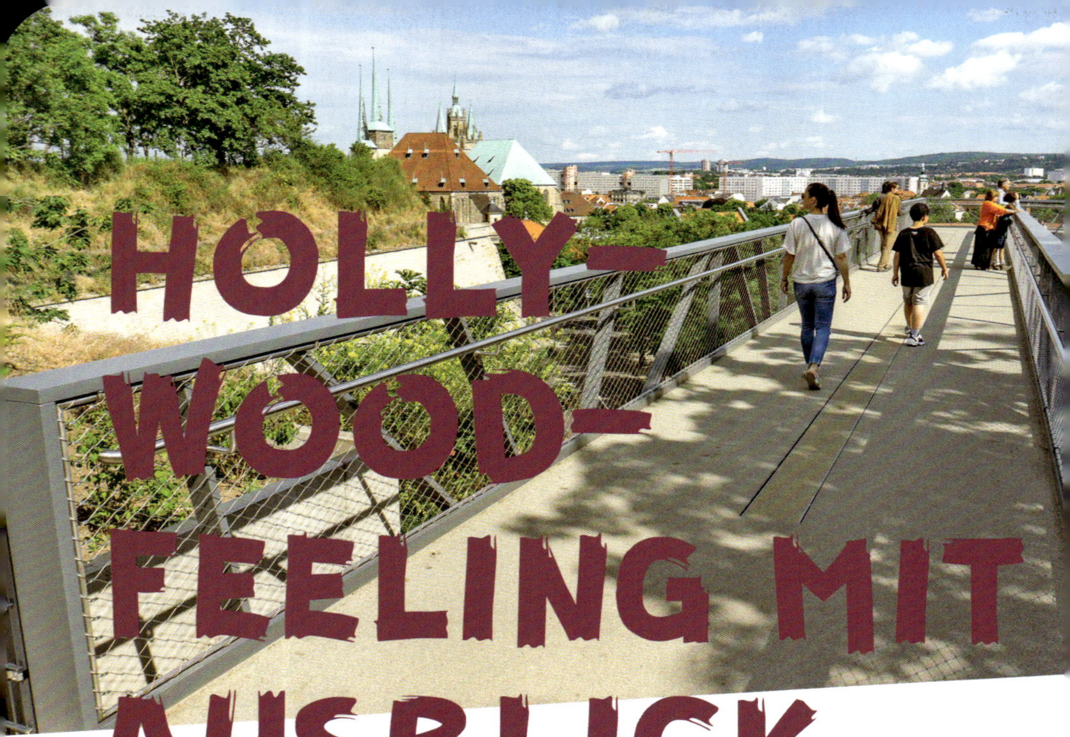

HOLLY-WOOD-FEELING MIT AUSBLICK

... auf dem Erfurter Petersberg

#8

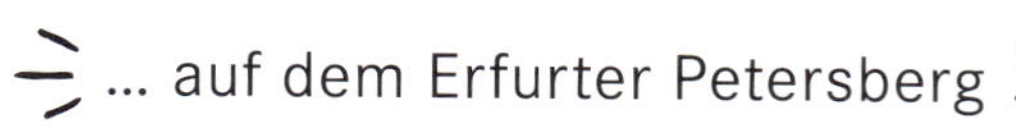

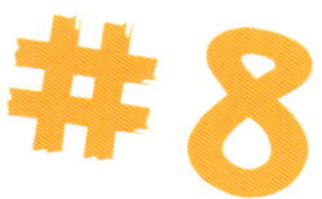

Der Petersberg ist der perfekte Ort, um den Ausblick über Erfurt und den Domplatz zu genießen. Seit der Bundesgartenschau hat sich hier einiges getan und das Areal wurde an vielen Ecken zu neuem Leben erweckt. Ein aussichtsreicher Ausflug.

#überderStadt #Zitadelle #ErfurterWein #Domblickvonhinten

→ ABSTECHER …

Mit dem Erfurt-Schriftzug auf dem Petersberg ist ein kleines bisschen Hollywood in die Stadt eingezogen. Das blumige Fotomotiv steht wie ein Fels am Ende des sich den Berg hinaufwindenden Pfades. Warum der so verschlungen ist? Damit der Gipfel des Berges auch mit dem Rollstuhl oder Kinderwagen gut erreichbar ist. Und den letzten Schritt bis auf die Festungsmauer der Zitadelle macht der Fahrstuhl. Allein diese Fahrt ist schon ein kleines Erlebnis, wenn der Domplatz vor den Augen vorbeirauscht. Und dann der Blick von oben! Getoppt wird dieser nur noch auf der Terrasse des Restaurant Glashütte (www.glashuette-restaurant.de) mit einem Aperitif oder Cappuccino in der Hand. Hier im Moment zu sein und einfach den Blick rüber zum Dom zu genießen gelingt wie von allein.

Genussvoll kann auch der Weg ohne Fahrstuhl hinauf zur Zitadelle sein. An dieser Seite des Petersberges werden nämlich Weinreben von der Erfurter Weinzunft angebaut. Diese Tradition geht auf die Mönche aus dem Erfurter Kloster St. Peter und Paul zurück, welches sich im 19. Jahrhundert hier befand. An manchen Tagen öffnet die Weinzunft ihren Keller und bietet den Rot- und Weißwein zur Verkostung und zum Verkauf an. Dabei sitzt es sich gemütlich zwischen den Weinreben mit Blick auf den Dom. Was für ein besonderes Erlebnis! Endlich oben? Dann kann man sich im modernen Besucherzentrum einen Überblick über die Festung Zitadelle Petersberg verschaffen. Hinter diesem gläsernen Gebäude folgt der Weg zum Kommandantengarten. Wer hier über die Festungsmauer blickt, kann eine moderne Brücke entdecken, die über die Straße Lauentor führt. Es ist der erste Abschnitt des Bastionskronenpfades, der auf dem Berg entstehen soll. Die Mauerkronenbrücke ist barrierefrei erreichbar und bietet einen interessanten Blick auf den Erfurter Dom von hinten und den Diamantgarten am Lauentor. »The Diamond Garden« ist ein deutsch-französisches Gartenexperiment, das von Studierenden aus Erfurt und Ver-

---

Hin & weg: Straßenbahnhaltestellen am Domplatz, Linie 2, 3 und 6. Für den Aufstieg zum Petersberg gibt es einen barrierefreien Weg sowie einen Fahrstuhl auf dem letzten Stück.

Beste Zeit: März bis Oktober. Veranstaltungen und Neuigkeiten unter www.petersberg-erfurt.de. Infos zur Weinverkostung vor Ort auf www.erfurterweinzunft.de

Dauer: 2 Std.

Ausrüstung: Fernglas, Picknickdecke, ggf. Tasche für den Erfurter Wein.

Weinverkostung direkt am Weinberg? Das geht hin und wieder bei der Erfurter Weinzunft am Petersberg mit Blick auf den Dom.

sailles entwickelt wurde. Ein Ort der Inspiration, der das Buga-Gefühl noch etwas länger in der Stadt hält.

Der Weg von der Mauerkronenbrücke führt zurück zum Besucherzentrum und von hier aus kann ein ausgiebiger Spaziergang rund um die Zitadelle genossen werden. An der Fassade der ehemaligen Klosterkirche St. Peter und Paul ist ein Bild entstanden, das Lust auf die Sonderschau im Inneren macht. »Paradiesgärten – Gartenparadiese« (mit Eintritt) zeigt die fantasievolle Vorstellung vom Paradies in Form von Gärten. Kunstvoll ist auch das Wasserspiel vor der ehemaligen Kirche, das vor allem Kinder zu einer Abkühlung an heißen Tagen einlädt.

Um das vollständige Areal überblicken zu können, wird die Defisionskaserne umrundet. Dort wartet eine Überraschung in Form von zwei großen Schaukeln. Dieses herrliche Gefühl, über der Stadt zu schweben, vergisst man nicht so schnell! Es folgen der BNE-Garten mit dem Thema Nachhaltig kultivieren und schließlich ein Abenteuerspielplatz, der Kinderherzen höherschlagen lässt!

Den Tag gemütlich ausklingen lassen? Dafür empfiehlt sich das Restaurant PEBERG (www.restaurant-peberg.de), welches mit hochwertigen Speisen und einer familiären Atmosphäre begeistert.

FAZIT: EIN AUFSTIEG ZUM PETERSBERG LOHNT SICH IMMER UND GEHÖRT ZU EINEM ERFURT-BESUCH EINFACH DAZU!

SUMMER IN DABER-STEDT-CITY

Ein Garten mitten in der Stadt, der sich anfühlt, wie ein Ausflug in den Wald? Das bietet der Hirsch-Heinrich-Sommergarten. Der perfekte Ort, um nach Feierabend oder am Wochenende mit Freunden zu chillen oder die Kinder unbeschwert spielen zu lassen.

#FeierabendErlebnisse #MitteninderStadt #ChillandGrill

Kleine Parks und Gärten gibt es viele in Erfurt. Dieser aber liegt so perfekt auf einem Hügel im Vorort Daberstedt, dass man nicht bemerkt, immer noch in der Stadt zu sein.

Zwischen den hohen Stadtbäumen im Hirnzingenpark kann man sich glatt ein bisschen verlaufen und dabei einen tollen Ausblick auf Erfurts Süden entdecken. An dieser Stelle versteckt sich auch eine Bühne für Konzerte, Varieté und andere Events, die den Sommer

---

Hin & weg: Bushaltestelle Rembrandtstraße, Linie 61, etwa 8 Min. Fußweg über Saarstraße und Hirnzigenweg oder Straßenbahnhaltestelle Robert-Koch-Straße, Linien 2 und 3, etwa 7 Min. Fußweg über Holbeinstraße und Hirnzigenweg.

Beste Zeit: Mai bis September. Im Dezember findet ein Hirsch-Heinrich-Weihnachtsmarkt in der Engelsburg statt. Mehr Infos unter www.facebook.com/hirschimhirnzi oder www.instagram.com/hirschheinrichsommergarten

Dauer: 2–3 Std.

Ausrüstung: Gute Laune, Freunde, Kartenspiele.

Im Hirsch-Heinrich-Sommergarten lässt es sich nah an der Natur herrlich entspannen.

an diesem wundervollen Ort mit Musik und guter Laune bereichern. Während die Eltern chillen, können größere Kinder Tischtennis spielen oder kleinere Kinder im Sandkasten versinken.

Ebendieser Sandkasten findet sich unweit des Hirsches, der dem Sommergarten seinen Namen verleiht. Ein tolles Fotomotiv, das sich zusammen mit alternativen Sitzmöglichkeiten, Bar und Grill im Zentrum des Gartens befindet. Hier ist eine Atmosphäre entstanden, in der man sofort herunterfährt. Alltag aus, Feierabendmodus an. Freundliche Gespräche mit den Sitznachbarn sind genauso garantiert, wie die kühlen Getränke aus der Container-Bar. Wein-Sommerschorle, ein Abendessen vom Grill und das alles im Schatten der alten Stadtbäume und neuen Sonnenschirme klingt doch nach dem perfekten Feierabend. Bunte Blumen rahmen das ganze Ensemble ab und verleihen der Wald-und-Wiesen-Kulisse wunderschöne Farbtupfer.

Die Hirsch-Heinrich-Gartensaison endet mit einem Fest im Oktober und hinterlässt Vorfreude auf den Hirsch-Heinrich-Weihnachtsmarkt im Dezember. Wer diese Vorfreude verlängern möchte, kann den Garten auch für eine Familienfeier im Sommer buchen. Was für eine besondere Location, um unvergessliche Familien-Momente zu schaffen!

FAZIT: EIN PERFEKTER ORT FÜR LAUE SOMMERABENDE MIT FREUNDEN UND FAMILIE, GANZ NAH AM STADTZENTRUM.

AUF ZU NEUEN UFERN!

... entlang der Geraaue in Erfurt

#10

Entlang des westlichen Geraufers in Erfurts Norden haben sich seit der Bundesgartenschau 2021 mehrere Grünanlagen zum größten Landschaftspark Thüringens entwickelt. Auf 4,5 Kilometern Länge, vom Nordpark bis zum Kilianipark, lassen sich entlang der Gera großartige Lieblingsplätze entdecken.

#Familienausflug #mitdemFahrradunterwegs #GeraRadweg

Für Abkühlung auf der Strecke sorgt ein Kneipp-Tretbecken unweit vom Auenteich.

Ein Ausflug mit dem Fahrrad, nicht weit vom Stadtzentrum entfernt, mit vielen Möglichkeiten, Neues zu entdecken? Das beschreibt diese Radtour entlang der Geraaue in Erfurt sehr gut! Acht Grünanlagen gehen hier fließend ineinander über. Dabei verläuft der Weg fast ohne Steigungen und ist auch für Kinder geeignet. Perfekt! Denn es warten zahlreiche kreative und großzügige Spielplätze auf große und kleine Abenteurer.

Den Start macht der Skatepark im Nordpark. Eine gute Adresse, um sich mit Skateboard oder Inlineskates auszuprobieren. Direkt gegenüber findet sich der Spielplatz Walderlebnis mit XXL-Baumhaus und Holzelementen zum Klettern und Balancieren. Außerdem gibt es im Nordpark mehrere Möglichkeiten zum Grillen und weitläufige Wiesenflächen zum Entspannen. Hier könnte man den ganzen Tag verbringen!

Die Flaschenpost ist auf dem Spielplatz an der Radrennbahn schon von Weitem zu sehen.

Auf dieser Tour geht es jedoch weiter, die Nördliche Geraaue zu erkunden. Unterwegs finden sich mehrere Fahrrad-Servicestationen, um etwa einen Reifen wieder flott zu machen. Im Park Klärchen, einer ehemaligen Kläranlage, ist eine breit geschwungene Liegefläche entstanden, die dem Flussverlauf nachempfunden ist und an lauen Sommerabenden zum Chillen einlädt. Darauf folgt ein kleines architektonisches Highlight: die Radrennbahn Andreasried, älteste Radrennbahn der Welt! Bei den Fahrradrennen (www.radrennbahn-andreasried.de) ist eine super Stimmung angesagt – absoluter Tipp, hier mal als Zuschauer dabei zu sein!

Im idyllisch gestalteten Wohngebietspark Rieth wartet der nächste kreative Spielplatz Radrennbahn auf die Kleinen und lädt zu einer kurzen Verschnaufpause ein. Die Verbindung zur Parkanlage Geraaue schafft eine geschwungene Brücke, die ebenfalls Sitzmöglichkeiten und somit einen ausgiebigen Blick auf die Straße der Nationen erlaubt. Mit Schwung fließt man von ihr hinab direkt auf den Auenteich zu. Bevor man einen Kaffee oder ein Eis im Café am See genießt, lohnt sich ein Abstecher nach links zum Kneipp-Tretbecken. Die Anlage kühlt müde Füße ab und bereichert mit ihrem Wasser, das durch das Becken hindurchfließen darf, Flora und Fauna rundherum.

Kurz hinter dem Auenteich folgt ein weiterer Spielplatz mit Elementen für die Kleinen, aber auch die ganz Großen! Zwei Riesenschaukeln begeistern alle Radfahrer, die hier auf dem Gera-Radweg entlangkommen. Am Ende der gesamten Parkanlange ist der Kilianipark in seiner Gestaltung mit üppigen Wiesenblumen und jungen Bäumen noch einmal ein wunder-

---

Hin & weg: Der Gera-Radweg führt durch die gesamte Nördliche Geraaue. Einstieg ist zum Beispiel am Skatepark im Nordpark möglich. Ende dieser Eskapade ist etwas über den Kilianipark hinaus, an der Roten Wand in Gispersleben. Rückweg auf derselben Strecke.

Beste Zeit: Ganzjährig.

Dauer & Strecke: 3–4 Std. für 10 km Hin- und Rückweg mit kurzen Pausen.

Ausrüstung: Fahrrad, E-Scooter oder Segway und ein Picknick-Rucksack.

Die Rote Wand ist eine besondere geologische Felsformation, die bis zu 12 Meter in die Höhe ragt.

schöner Höhepunkt. Auch hier lädt sogar ein inklusiver Spielplatz zum Toben, aber auch eine großzügige Fläche zum Liegen und Entspannen ein.

Unmittelbar nach dem Kilianipark versteckt sich dann noch ein besonderes Naturschauspiel in Gispersleben. Direkt an der Gera ragt das Naturdenkmal Rote Wand empor. Der staunende Blick fällt auf ein Stück Geschichte der Region, die an einer Infotafel erklärt wird.

FAZIT: DIE GESAMTE NÖRDLICHE GERAAUE ZU ERKUNDEN IST EIN FANTASTISCHER AUSFLUG! DABEI FINDET MAN GARANTIERT EINEN NEUEN PERSÖNLICHEN LIEBLINGSPLATZ.

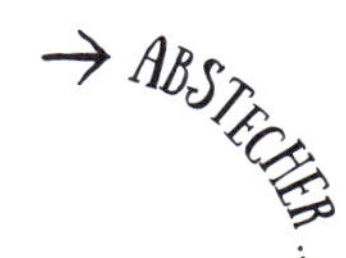

PICKNICK IN »VENEDIG«

#11

Wenn Erfurter »Venedig« hören, kommt ihnen sicherlich gleich die Krämerbrücke in den Sinn. Denn die Fläche und die Bauten unmittelbar hinter dieser besonderen Brücke ist bekannt als Klein Venedig. Dieses idyllische Flair erstreckt sich noch ein ganzes Stück weiter an der Gera entlang!

#Flussspaziergang #Ruhegenießen #RiverWatching #KlosterErkenntnisse

Hinter der Fußgängerbrücke Hütergasse versteckt sich das empfehlenswerte Café Füchsen.

Ein ruhiges Plätzchen am Fluss, mitten in der Innenstadt? Herzlich willkommen in Klein Venedig! Der perfekte Ort, um dem Stadttrubel zu entkommen und sich vom Wasser entschleunigen zu lassen. Welche Stelle dafür am besten geeignet ist, dürfen alle Ruhe-Suchenden selbst entscheiden. Der beste Startpunkt ist auf jeden Fall hinter der Krämerbrücke. Nach einem verträumten Blick auf die vollständig bebaute Brücke darf man sich einmal umdrehen und die historischen Gebäude im Hintergrund genauer betrachten. Dabei lohnt es sich, den Weg übers »Dämmchen« zu wählen und entlang des Flusslaufs zu schlendern. Hinter der Fußgängerbrücke Hütergasse versteckt sich das Café Füchsen (fuechsen.cafe), eine echte Empfehlung für Frühstücks- und Lemon-Curd-Liebhaber!

Hin & weg: Zu Fuß oder mit dem Fahrrad von der Krämerbrücke aus immer dem Flusslauf in Flussrichtung folgen.

Beste Zeit: Juni bis August.

Dauer: 1–2 Std.

Ausrüstung: Picknickdecke oder Yogamatte zum Sitzen und natürlich ein paar Snacks.

Eine besonders schöne Ecke im Erfurter Venedig kommt aber zum Vorschein, wenn man die Brücke zur Hütergasse überspringt und erst die nächste Abbiegung nach rechts nimmt. Auf dem Weg in die Schildgasse kann man dann die Schildchenmühle entdecken, bevor das Haus zum kleinen Helm in leuchtendem Rot entgegenstrahlt. Von hier an verläuft der Weg östlich der Gera durch die Comthurgasse und wird anschließend von Bäumen gesäumt.

Das Augustinerkloster überrascht mit moderner Architektur und einem Pop Up Café im Sommer.

Kurz darauf ist man offiziell in »Venedig« angekommen. Die Gera-Abzweige haben eine kleine Insel entstehen lassen, auf der man sich ein ruhiges Fleckchen suchen kann, um das fließende Wasser zu beobachten. Es rauscht an Steinen entlang und über eine terrassenförmige Fläche hinweg.

Terrassenförmig sind auch die Sitzmöglichkeiten im weiteren Verlauf, bis der Weg schließlich urig verwachsen wird und der Flusslauf nur noch schwer auszumachen ist. Eine Brücke macht deutlich, dass die Gera immer noch in unmittelbarer Nähe ist. Geht man hinüber, zeigt sie sich auch schon wieder und es eröffnet sich gleichzeitig eine weite Wiese in einem kleinen Park. Auf der anderen Seite wird dieser von der Kleinen Gera begrenzt. Viele Sitzgelegenheiten laden zum Verweilen ein.

Der Rückweg führt über dieselbe Strecke, kann aber um einen kleinen Abstecher erweitert werden. Wer an der Schildgasse angekommen der Comthurgasse weiter folgt, gelangt unweigerlich zum Augustinerkloster (www.augustinerkloster.de). Dieses ist ein interessanter Ort, um die Verschmelzung von historischer und moderner Architektur zu bestaunen. Im Sommer öffnet hier ein Pop Up Café, das die Gäste an heißen Tagen mit kühlen Getränken in einer wirklich besonderen Atmosphäre versorgt.

FAZIT: EIN RUHIGES PLÄTZCHEN AN DER GERA FINDET SICH SOGAR IM ZENTRUM VON ERFURT. BINGE-WATCHING WANDELT SICH HIER ZUM RIVER-WATCHING.

NASSE FÜßE SIND PFLICHT!

... auf dem Kneipp-Wanderweg in Bad Berka

#12

Eine Kneipp-Anlage gibt es in vielen Kurorten. Bad Berka verknüpft das gesunde Wassertreten mit viel Bewegung auf einem Kneipp-Rundwanderweg mit gleich drei Kneipp-Anlagen und überrascht mit einem üppigen Rhododendron-Garten mitten im Wald.

#KneippTreten #großeBlüten #Quellwasser #Erfrischung

→ ABSTECHER

Die Kneipp-Tretbecken im Wald werden von Quellen mit eiskaltem Wasser gespeist.

Bad Berka ist im Weimarer Land bekannt als Kurort und wunderschöne Station am Ilmtal-Radweg. Doch auch ohne Kur und Fahrrad lohnt sich ein Besuch, denn die Kleinstadt hat ihre drei Kneipp-Anlagen mit einem neun Kilometer langen Rundwanderweg verbunden. Dieser beginnt passenderweise am strahlenden Goethebrunnen am Kurpark, wo sich auch direkt die erste Kneipp-Station befindet. An warmen Tagen wird das Kneipp-Treten hier rege genutzt. Auch Kinder können das gesunde Wassertreten in einem flachen Becken bereits selbstständig entdecken! Ein Barfußpfad und Armbecken runden das Kneipp-Erlebnis direkt neben der Tourist-Information ab.

Und dann geht es auf in den Wald! Der Rundwanderweg zieht Richtung Südwesten ein Stück entlang der Ilm, an der St.-Marien-Kirche vorbei bis zum Grillplatz Deichsgrund. Von hier an führt die Strecke stetig bergauf, an den drei Teichen vorbei, bis die zweite Kneipp-Anlage am Dambachsgrund für eine Erfrischung sorgt. Das Naturbecken wird

Das frische Quellwasser an den Brunner des Kneipp-Rundweges schmeckt köstlich!

von der Carl-Friedrich-Quelle gespeist, an der auch die Trinkreserven mit dem frischen Quellwasser aufgefüllt werden können. Bis zu den nächsten Teichen im Dambachsgrund ist der Weg asphaltiert. Auch an der Hubertushütte kann das Wasser der Hubertus-Quelle probiert werden, bevor der Weg in einer Kehrschleife den Grund verlässt und zurück Richtung Bad Berka verläuft. Kurz bevor der höchste Punkt der Wanderung erreicht ist, ist auch ein Abstecher in das griechische Restaurant Hippocrates (www.hippocrates.eatbu.com) möglich.

Anschließend führt die Wanderung bergab, zum Teil auf schmalen Pfaden, über knorrige Wurzeln hinweg bis zur Quelle Gottesbrünnlein. Genau gegenüber befindet sich ein Eingang zum beeindruckenden Rhododendron-Garten. Vor allem im Mai, wenn die großen Sträucher zwischen den Kiefern blühen, ist ein Besuch quasi Pflicht! Der Garten wurde 1957 von der Gärtnerei Gramm aus Weimar als Versuchspflanzung für Moorbeetkulturen angelegt. Daher finden sich hier auch Magnolien, Lavendelheiden und Freiland-Azaleen. Alle blühen um die Wette und lassen die Besuchenden staunen.

Kurz darauf gelangt man zur dritten Kneipp-Anlage. An dieser befinden sich großzügige Sitzmöglichkeiten und auch ein Barfußpfad. Ein toller Ort, um die müden Füße abzukühlen und sich selbst zu stärken. Auf dem Rückweg in die Stadt verengt sich der Weg am Herthasee noch einmal zu einem schmalen Pfad, bevor die asphaltierte Strecke zurück zur Ilm und zum Kurpark verläuft.

Ein abschließender Schluck aus der Quelle am Goethebrunnen beendet diesen Rundwanderweg, der für ein kribbelndes, erfrischendes Gefühl im ganzen Körper sorgt. Während trockener Perioden im Sommer sollte man

---

Hin & weg: Bahnhof Bad Berka, Erfurter Bahn Linie 26. Von dort aus ca. 10 Min. Fußweg bis zur Kneipp-Anlage am Goethebrunnen und Kurpark.

Beste Zeit: Mai bis September.

Dauer & Strecke: 4 Std. inkl. Kneipp-Treten, 9 km Rundwanderweg, Startpunkt Kneipp-Anlage am Kurpark Bad Berka.

Ausrüstung: Kein Handtuch! Die Füße sollten nach dem Kneippen an der Luft trocknen. Trinkflasche für Quellwasser.

beachten, dass die Kneipp-Anlagen im Wald eventuell kein Wasser führen. Nach der Wanderung kommt man im Café Zeit in den süßen oder im Gasthaus Nagel (www.das-gasthaus-nagel.de) in den herzhaften Genuss einer »Weimarer Land Mahlzeit«.

FAZIT: KNEIPPEN IST IM TREND UND SORGT AUF DIESEM RUNDWANDERWEG FÜR ERFRISCHUNG UND NETTE GESPRÄCHE MIT NASSEN FÜßEN.

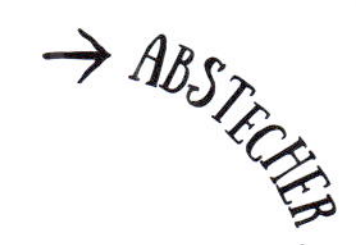

VERSTECKTE GÄRTEN IN DER STADT

#13

Stadtbesichtigungen in Weimar haben oft mit der Weimarer Klassik, Goethe und Schiller zu tun oder der Moderne, wie dem Bauhaus. Auf dieser Tour jedoch stehen Gärten im Vordergrund, die man so in der Innenstadt nicht erwarten würde.

#GartenEntdecker #Kaffeepause #WowEffekt

Am Haus der Weimarer Republik schließt sich der Künstlergarten mit Café an.

Wie grün ist eigentlich Weimars Innenstadt? Auf der Suche nach einem Park oder Garten gelangt man schnell in den Park an der Ilm oder auf den historischen Friedhof. Es gibt aber auch versteckte Kleinode, die nicht auf den ersten Blick erkennbar sind. So zum Beispiel zwei Innenstadt-Gärten, die nah beieinander liegen und beide jeweils hinter dem Eingang eines historisch bedeutenden Gebäudes liegen. Der erste Garten ist am Herderplatz hinter Herders Wohnhaus. Die Tür steht bereits offen, wenn auch der Garten geöffnet hat. Durch das alte Tor, am Hauseingang vorbei, sieht man bereits mit Efeu bewachsene Gebäude, eine mit üppigen Sträuchern gesäumte Terrasse und ein kleines Gartentor. Der Eingang zum eigentlichen Garten. Dieser streckt sich viel länger, als man zunächst vermuten würde. Während es in der ersten Hälfte noch gepflegte Rasenflächen mit Sitzgelegenheiten neben großen Bäumen und blühenden Sräuchern gibt, überrascht der Garten im hinteren Bereich mit Blumen- und Gemüsebeeten. Es ist eine Freude, dieses üppige Grün hier mitten in der Stadt zu sehen.

Hin & weg: Vom Bahnhof Weimar ca. 25 Min. Fußweg in die Innenstadt. Oder mit dem Bus bis Bushaltestelle Goetheplatz / Zentrum, Linien 2, 3, 5, 6, 7

Beste Zeit: April – September.

Dauer: 3 Std.

Ausrüstung: Flora Incognita-App zur Pflanzenbestimmung, Sonnenbrille.

Der zweite Stadtgarten versteckt sich direkt um die Ecke. In der Jacobstraße führt der Eingang zum Kirms-Krackow-Haus auch zum dahinter liegenden prachtvollen Garten. Hier

Die Gärten hinter Herders Wohnhaus und dem Kirms-Krackow-Haus liegen zwar versteckt, blühen dafür aber umso mehr!

kann nicht nur geschlendert und die wunderschönen Blumenbeete bewundert werden, mit dem Café Lieblingsgarten (www.instagram.com/cafe.lieblingsgarten) bietet sich auch die Möglichkeit den Nachmittag bei Kaffee und Kuchen zu genießen.

Nach diesem Genuss ist es Zeit für einen Spaziergang! Nach etwa 15 Minuten Fußweg durch die historische Altstadt erreicht man den Poseckschen Garten. Er liegt gegenüber vom Eingang des historischen Friedhofs und wirkt auf den ersten Blick gar nicht so spektakulär. Wer genauer hinschaut, entdeckt aber die erste Station des Goethe-Erlebniswegs und kann sein Geschick an einer kleinen Kugelbahn beweisen. Auch das Beet am Eingang des Gartens ist ein Hingucker und Familien mit kleinen Kindern treffen sich gern am liebevoll gestalteten Spielplatz.

In zehn Minuten läuft man von hier aus zurück in die Innenstadt zum vierten versteckten Garten. Er befindet sich hinter dem Haus der Weimarer Republik und somit gegenüber vom Deutschen Nationaltheater. Goethe und Schiller werfen neidische Blicke auf alle Besucher, die hier ihren Abend gemütlich bei einem kühlen Getränk und inspirierenden Gesprächen ausklingen lassen. (www.instagram.com/kuenstlergarten_weimar)!

FAZIT: IN DER KLASSIKERSTADT VERSTECKEN SICH PRACHTVOLLE GÄRTEN HINTER HISTORISCHEN GEBÄUDEN, DIE ZU EINER GENUSSVOLLEN RUHEPAUSE EINLADEN.

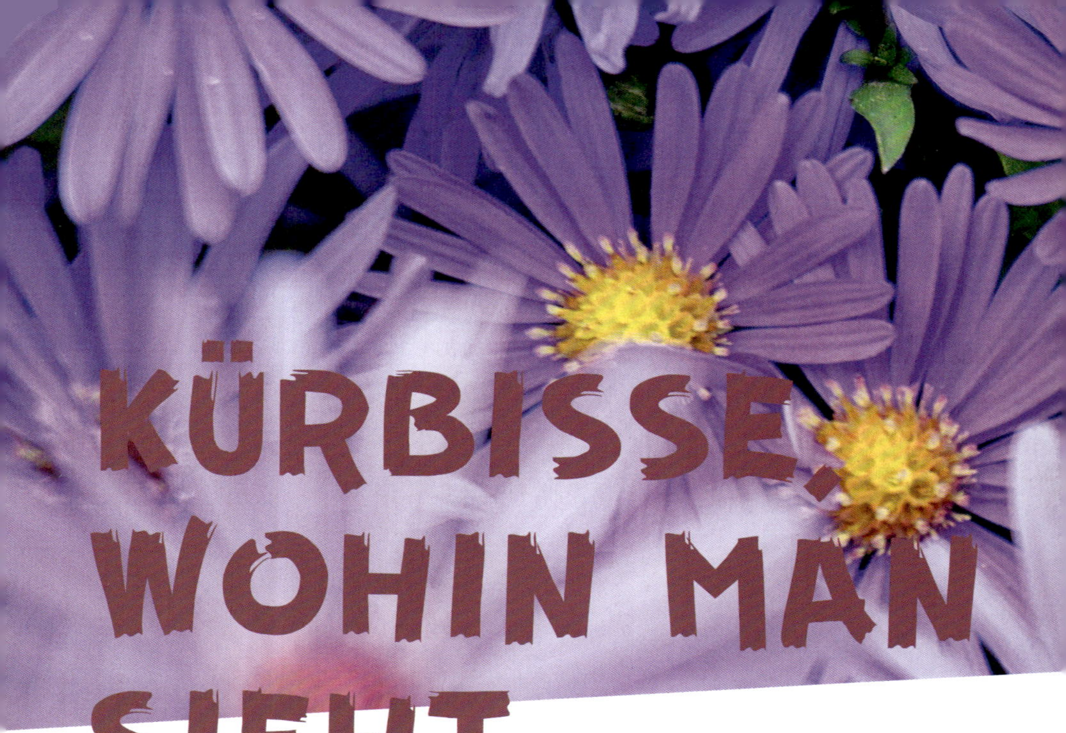

KÜRBISSE, WOHIN MAN SIEHT …

… im egapark Erfurt

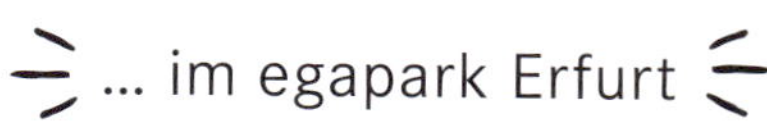

#14

Herbst und Kürbisse gehören einfach zusammen! Wie gut, dass das auch der egapark in Erfurt erkannt hat und jährlich von September bis Oktober zu einer außergewöhnlichen Open-Air-Kürbisausstellung einlädt! Und wem es zu kalt wird, der zieht weiter ins Wüstenhaus …

#Kürbisköpfe #Herbstspaziergang #draußenkaltinnentropisch

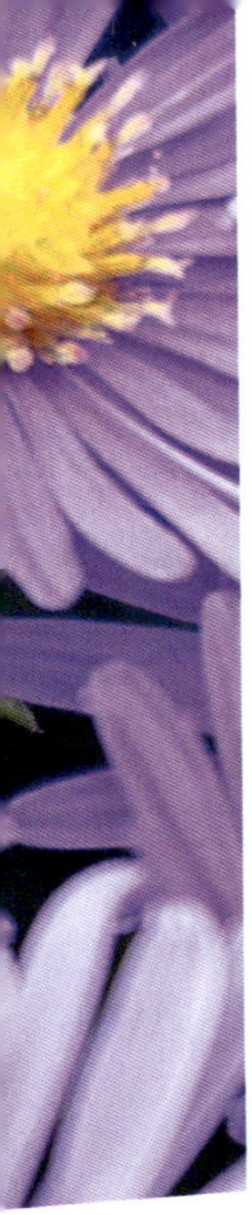

Bunt und beeindruckend – das ist nicht nur der Herbst, sondern auch der egapark in Erfurt. Die Gartenbauausstellung bietet jährlich von September bis Oktober einen außergewöhnlichen Hingucker: 50 000 Kürbisse in allen Formen und Farben verwandeln sich in mannshohe Skulpturen!

Bereits auf dem Weg vom Haupteingang zur Philippswiese begrüßen die ersten Kunstwerke die neugierigen Besucher. Und staunen kann man hier nicht schlecht. Auch die Beete blühen noch in Hülle und Fülle. Wer hätte das im Oktober erwartet?

Die Kürbisausstellung selbst erstreckt sich vom Überwinterungsgewächshaus bis hin zum Aussichtsturm und lässt nicht nur Kinderherzen höherschlagen. Mit viel Geschick und Kreativität erschaffen die Künstlerinnen und Künstler immer wieder einzigartige Bilder und Geschichten.

Wer am Ende der kugeligen Ausstellung den ehemaligen Geschützturm der Zitadelle Cyriaksburg erklimmt, kann bei 272 Metern über Normalnull den fantastischen Ausblick auf das Gartengelände, die Stadt Erfurt und das Thüringer Becken genießen. Auch ein Besuch des modernen Gartenbaumuseums ist eine abso-

Kakteen, Kürbisse oder Stauden – der egapark zeigt Gewächse in allen Formen und Farben.

lute Herzensempfehlung und wird garantiert nicht langweilig!

Wer jetzt ein bisschen durchgefroren ist, darf sich auf »Danakil« freuen – das weltweit erste Wüsten- und Urwaldhaus seiner Art. Ein Rundgang durch das moderne Gebäude aus Beton und Glas führt zunächst durch eine Wüstenlandschaft. Hier können Kakteen in allen Formen und Größen und auch der ein oder andere Wüstenbewohner bestaunt werden. Wer findet wohl das Chamäleon …?

Kuschelig warm wird es dann im tropischen Teil des Danakil. Hier zaubern vor allem die großen Schmetterlinge den Besuchern ein Lächeln ins Gesicht. Im Hintergrund plätschert und gurgelt es von Wasserfällen und Tümpeln. Kinder erforschen neugierig den tropischen Regenwald zu allen Tages- und Nachtzeiten auf interaktiven Monitoren.

Hin & weg: Straßenbahnhaltestelle egapark, Erfurt, Linie 2.

Beste Zeit: September bis Oktober, im Oktober beginnt die Nebensaison, Eintritt ist erforderlich. Öffnungszeiten, Eintrittspreise, Veranstaltungen unter www.egapark-erfurt.de

Dauer: 3–4 Std.

Ausrüstung: Fotoapparat oder Smartphone, Zwiebellook für den Besuch des Danakil.

FAZIT: EIN KNALLIG ORANGE-GELBER HERBSTSPAZIERGANG MIT FOTOMOTIVEN ZUM STAUNEN UND AUFWÄRMGARANTIE!

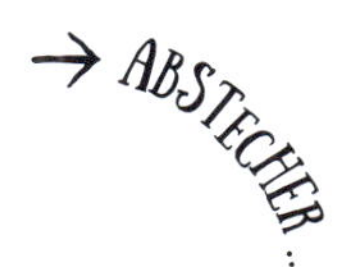

RAN AN DIE ÄPFEL!

#15

Reife, saftige Äpfel selbst zu pflücken ist ein kleines Event für die ganze Familie. Darauf kann man sich schon im Sommer freuen! Im Obstpark Gierstädt auf der Fahner Höhe ist das in einer weitläufigen Apfelplantage mit vielen verschiedenen Sorten möglich.

#Apfelernte #selberessenmachtgesund #anAppleaDay

Über 20 verschiedene Apfelsorten können im Obstpark Gierstädt selbst gepflückt werden.

Obst und Gemüse aus dem eigenen Garten schmeckt einfach unvergleichlich! Doch was, wenn man keinen Garten hat? Dann gibt es in Thüringen vielfältige Möglichkeiten, Obst selbst zu pflücken! Zum Beispiel auf der Fahner Höhe. In Gierstädt lädt der Obstpark von Fahner Frucht zur Ernte von Süßkirschen und Sauerkirschen im Sommer und von Äpfeln im Herbst ein. Außerdem werden im Dezember Weihnachtsbäume verkauft und im grünen Klassenzimmer Kindergärten und Schulklassen begrüßt.

Doch wie funktioniert das Selberpflücken? Dafür eignet sich am besten die Fahrt mit dem Pkw oder einem Lasten-Fahrrad zum Obstpark, um die Äpfel unkompliziert nach Hause transportieren zu können. Nach der Anmeldung macht man sich zu Fuß oder ebenfalls mit dem Fahrzeug auf den Weg durch die Plantagen. Mit dem Lageplan ist es machbar den Überblick zu behalten, schließlich gibt es hier über 20 verschiedene Apfelsorten! Welche darf es denn sein? Elise, Rubinette oder der zuckersüße Gala Galaxy? Das Team im Obstpark berät gern, welche Sorte gerade reif ist, wo sich diese befindet, und auch Verkostungen sind möglich. Nach der eigenen Ernte werden die Äpfel gewogen, direkt in den Kofferraum verladen und anschließend wieder im Hofladen des Obstparks nach Kilopreis bezahlt.

Familien freuen sich über den angrenzenden Spielplatz, auf dem die Kinder noch ein bisschen toben können. Und wer nun auf das gesamte Anbaugebiet neugierig geworden ist, der kann im Anschluss einen der zwei Rundwanderwege nutzen, die durch die Obstplantagen führen. Der Startpunkt der Wege durch die Fahner Höhe ist direkt am Obstpark. Und unterwegs kann man sich schon ein oder zwei der selbst gepflückten Äpfel schmecken lassen!

FAZIT: KEIN OBST SCHMECKT BESSER ALS DAS, WELCHES MAN SELBST GEPFLÜCKT HAT!

Hin & weg: Bushaltestelle GWG, Gierstädt oder mit dem PKW direkt am Obstpark parken und in die Plantage hineinfahren: Walschleber Weg, 99100 Gierstädt

Beste Zeit: September bis Oktober. Infos dazu, wann welche Apfelsorte reif ist, unter www.fahner-frucht.de

Dauer: 1–2 Std.

Ausrüstung: Korb oder Kiste für den Transport der Äpfel nach Hause.

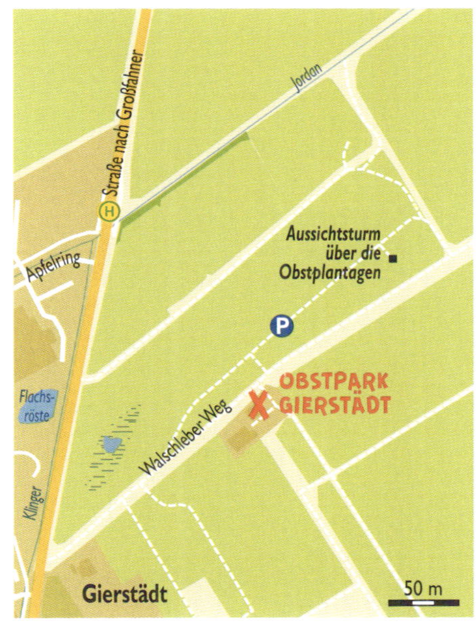

PARK

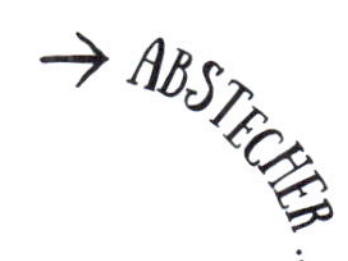

SICH IM MAIS VER-LIEREN …

#16

Wer denkt, dass ein Maislabyrinth nur eine lustige Aktivität für Kinder ist, der war noch nicht in dieser Ausführung in Erfurt. In der Demminer Straße ist ein Ort der Begegnung entstanden, der in den Sommermonaten zum Chillen und verspielten Beisammensein auch unter Erwachsenen einlädt.

#Maisliebe #MarmeladenglasMomente #Feierabendstimmung

Das Maislabyrinth im Erfurter Ortsteil Gispersleben ist ein Ort, den man mindestens einmal in jedem Sommer besucht haben sollte. Nicht nur, weil sich das Labyrinth jedes Jahr ändert und die wechselnden Motive aus der Luftperspektive wirklich beeindruckend sind.

Es ist das ganze Drumherum, was diesen liebevoll gestalteten Ort so besonders macht. Der Einlass auf das Gelände ist grundsätzlich kostenfrei, außer bei Sonderveranstaltungen. Wer sich im Maislabyrinth selbst einmal verlieren möchte, zahlt an der Kasse einen kleinen Betrag. Für Schulkinder ist es ein besonderer Spaß, die versteckten Buchstaben zwischen den Maispflanzen zu suchen und zu einem Lösungswort zusammenzusetzen. Ein kleines Gewinnspiel lockt mit tollen Preisen für die kleinen und großen Rätselfans.

Nach dem obligatorischen Verlaufen im Mais sorgt das freundliche Team im Biergarten für eine kleine Stärkung. Neben kühlen Getränken und (natürlich) Mais, kann hier süß oder herzhaft geschlemmt werden. Bei einem Stockbrot lässt sich der Tag besonders erinnerungswürdig am Lagerfeuer ausklingen. Man fühlt sich dabei wie ein kleiner Abenteurer ... abenteuerlich ist für die Kinder auch das Spiel in der Sandkiste oder in einem der Deko-Elemente aus den vergangenen Jahren.

Hin & weg: Straßenbahnhaltestelle Europaplatz, Erfurt, Linien 1 und 3. Der Parkplatz befindet sich direkt vorm Eingang, Demminer Straße.

Beste Zeit: Juni bis September.

Dauer: 3–4 Std.

Ausrüstung: Geduld, Neugier und gute Laune.

Das Maislabyrinth ist der perfekte Ort, um einen entspannten Feierabend zu verbringen.

Die Toiletten sehen sogar aus wie eine ganze Westernstadt! An den Tischtennisplatten, beim Basketball oder auf dem Volleyballplatz darf man aber auch gern noch einmal aktiv werden!

Zu den vielfältigen Möglichkeiten, sich selbst zu verlieren und beim Blick in den Sonnenuntergang wiederzufinden, werden auch regelmäßig Veranstaltungen angeboten. Es gibt Familientage mit wechselndem Programm – Alpakas und Lamas sind dabei gern gesehene Gäste. Aber auch Events wie Konzerte, Open Airs, Poetry Slams, und vieles mehr ... (maislabyrinth-erfurt.de)

Viele gute Gründe, um einen regelmäßigen Besuch im Maislabyrinth Erfurt mit Freunden oder der Familie zu einer kleinen Tradition im Sommer werden zu lassen.

FAZIT: SICH EINMAL – ODER AUCH REGELMÄSSIG – ZU VERLIEREN UND WIEDERZUFINDEN IST IM MAISLABYRINTH PROGRAMM.

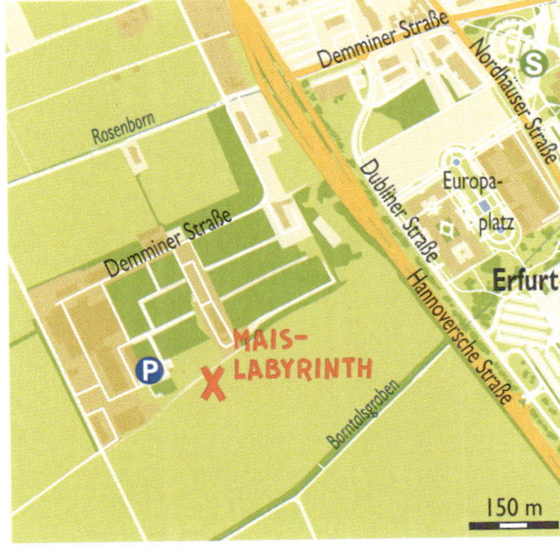

MOTIV-SUCHE IM SCHLOSS-PARK

#17

Das Schloss Molsdorf ist eines der schönsten barocken Schlösser in Mitteldeutschland und liegt ganz nah an Erfurt. Bei einem Besuch kann man den Schlosspark vom Parkcafé aus genießen oder mit Kamera und Smartphone auf die Suche nach besonderen Fotomotiven gehen.

#Parkshooting #Kaffeepause #mitdemRadzumPark

Im Schlosspark finden sich auch heute noch Zeitzeugen aus dem ursprünglichen Barockgarten.

Südlich von Erfurt, direkt am Gera-Radweg gelegen, befindet sich das Schloss Molsdorf mit einer kleinen, aber wunderschönen Parkanlage. Wer den Besuch mit einem Ausflug auf dem Fahrrad verbinden möchte, erreicht das Ensemble vom Hauptbahnhof in Erfurt über den Steigerwald und an Möbisburg vorbei nach etwa dreizehn Kilometern Strecke. Direkt vor der barocken Schlossfassade lädt das Parkcafé (www.parkcafe-molsdorf.de) zum Verweilen und Genießen ein. Hier kann man den Blick schweifen lassen und den Alltag für einen Moment vergessen. Serviert wird dabei Süßes aus der hauseigenen Konditorei oder auch ein Genießer-Frühstück.

Das Schloss selbst beherbergt im Schlossmuseum eine umfangreiche Gemäldesammlung und viele Einrichtungsgegenstände aus dem 18. Jahrhundert. Beides kann im Rahmen einer Führung zu jeder vollen Stunde besichtigt werden.

Wer sich lieber draußen aufhält, geht im Schlosspark mit der Kamera oder auch mit dem Smartphone auf Entdecker-Tour (angeleitete Fototour unter www.fototour-thueringen.de). Prachtvolle Blumenbeete und ein kleiner

---

Hin & weg: Bushaltestelle Schloss Molsdorf, Erfurt, Linie 51, oder mit dem Fahrrad über den Gera-Radweg. Parkplatz ist direkt vor dem Schlosseingang.

Beste Zeit: Mai bis Oktober. Mehr Informationen zum Schloss und zu Veranstaltungen unter www.thueringerschloesser.de

Dauer: 2 Std.

Ausrüstung: Kamera und Smartphone.

Große, alte Bäume säumen den Garten, eine breite Hauptachse zieht sich durch das Zentrum.

Garten mit Springbrunnen laden dazu ein, mit dem Fokus zu spielen und die Blüten oder das Schloss selbst in den Vordergrund zu rücken. Zwei Teiche werden auf dem Gelände mit einem kleinen Flusslauf verbunden. Einige Figuren aus dem ursprünglichen Barockgarten, der streng geometrisch gegliedert war, sind heute noch erhalten und säumen die Wege. Tolle Motive, um den heutigen Landschaftspark auch im Detail zu betrachten.

Sehr lohnend ist das vor allem am Abend, wenn die untergehende Sonne zunächst noch das Schloss anstrahlt und später durch die Bäume leuchtet. Ein verfallenes Gebäude an der Westseite des Schlosses erinnert an einen sogenannten Lost Place, also einen verlassenen Ort, der beim Fotografieren einen besonderen Charme mit sich bringt. Hinter dem Schloss fällt der Blick auf die evangelische St. Trinitatis-Kirche, die durch die Schlossmauer hindurch ebenfalls ein wundervolles Fotomotiv ergibt. Ein kreativer Feierabend!

FAZIT: DAS AUGE FÜR BESONDERE FOTOMOTIVE ZU SCHULEN GELINGT IN DIESEM SCHLOSSPARK BESONDERS GUT UND VERSÜßT DEN FEIERABEND AUF AKTIVE WEISE.

ES GLITZERT UND FUNKELT

... am Stausee Hohenfelden

#18

Der Stausee Hohenfelden bildet eine bezaubernde Kulisse für einen Ort voller funkelnder Magie. Die Thüringer Glitzerwelt leuchtet durch den tristen, grauen Winter hindurch und lässt garantiert nicht nur Kinderaugen strahlen!

#Winterzauber #Weihnachtsstimmung #nocheinmalKindsein

Auf den kreativen Leuchtinstallationen kann man zum Teil auch sitzen oder sogar mitfahren!

Während der Adventszeit versüßen zahlreiche Weihnachtsmärkte in Thüringen die kalten, dunklen Tage. Doch nach Heiligabend ist es vielerorts vorbei mit den heimeligen Märkten. Nicht so am Stausee Hohenfelden. Die Thüringer Glitzerwelt (www.thueringer-glitzerwelt.de) öffnet bereits im November ihre Pforten und lädt bis in den Februar dazu ein, diesen besonderen Ort auf sich wirken zu lassen.

Und die Wirkung ist wirklich groß! Hier strahlen nicht nur die Augen der Kleinen. Ein Besuch lohnt sich bereits, wenn der Himmel sich langsam verdunkelt und den Stausee auf natürliche Art und Weise zum Leuchten bringt. Die Spiegelungen der funkelnden Wasser-Bilder bilden die ersten herrlichen Fotomotive.

Das gesamte Areal am Stauseeufer ist in mehrere Themenwelten unterteilt und übersät mit Leuchtinstallationen zum Hindurchlaufen, Draufsetzen und Mitfahren. Man kommt aus dem Staunen nicht mehr heraus! Natürlich ist Weihnachten ein großes Thema. Aber auch Eis und Winter sowie regionale Partner sind verspielt und kreativ abgebildet. Und mit jeder Neuauflage kommen neue Installationen dazu.

Und plötzlich weht ein süßlicher Duft herüber ... mit allerlei Ständen für Speisen und Getränke ist auch für das leibliche Wohl gesorgt. Eine Märchenerzählung ertönt von einer LED-Wand, die eben dieses Märchen in leuchtenden Bildern zeigt. Und dann tauchen sogar lebendige Märchenfiguren auf und verwandeln das Glitzererlebnis in eine Fantasiewelt zum Anfassen. Vor allem die Kinder sind eingeladen, ihre Märchenfiguren durch die Glitzerwelt zu begleiten.Wer möchte da schon nach Hause gehen?

Hin & weg: Bushaltestelle Hohenfelden, Therme, Linien 113 und 155. Mehrere Parkplätze sind vor Ort ausgeschildet.

Beste Zeit: November bis Februar.

Dauer: 3 Std.

Ausrüstung: Smartphone für bezaubernde Fotomotive, Schal, Mütze und Handschuhe.

Eindrucksvolle Märchen- und Fantasiefiguren werden zum Leben erweckt und freuen sich auf fröhliche Fotos mit den Besuchern.

Wer sich am See etwas genauer umschaut, kann bereits die Vorfreude auf die warmen Monate des Jahres mitnehmen. Dann lässt es sich in der Erlebnisregion Stausee Hohenfelden (www.erlebnisregion-hohenfelden.de) nämlich auch herrlich baden, Boot fahren und am Wasser spielen. Mit dem Kletterpark und weiteren Aktiv-Angeboten geht es auch sportlich zu! Zu viel für einen Tagesausflug? Übernachtungen sind in modernen Ferienhäusern oder auf dem Campingplatz möglich.

FAZIT: HIER KOMMT WEIHNACHTSSTIMMUNG AUF UND AUCH NACH DEM FEST BLEIBT DER ZAUBER DER WEIHNACHT NOCH BIS IN DEN FEBRUAR HINEIN ERHALTEN.

AB AUF DIE PISTE!

Mit ihren fast zwei Kilometern Länge besitzt Oberhof die längste Naturrodelbahn in Thüringen. Nach der rasanten Fahrt bergab bringt ein Busshuttle die Rodelgäste zurück an den Start. Also Schlitten satteln und nichts wie los!

Oberhof ist als Wintersportort bekannt und ermöglicht viele unterschiedliche Wintersportarten.

Zwei Kilometer am Stück rodeln? Ohne die Strecke wieder hinaufstapfen zu müssen? Das geht in Oberhof im Thüringer Wald sogar auf einer Naturrodelbahn. Startpunkt der Piste ist praktischerweise direkt am Parkplatz Rondell am Rennsteiggarten. Ein Besuch lohnt sich auch im Sommer sehr! (siehe Eskapade #47) Im Winter aber sind alle Blumen und Kräuter eingeschneit und der Fokus liegt auf dem weißen Winterwald rechts zum Rennsteiggarten. Am Obelisk unter der Rennsteigbrücke werden die Tickets gelöst – die Rückfahrt mit dem Busshuttle ist inklusive. Es kann auch ein Schlitten ausgeliehen werden oder man bringt einfach seinen eigenen mit.Ob auch Getränke und Snacks angeboten werden, erfährt man auf der Website des Veranstalters Outdoor Inn.

Hin & weg: Parkplatz Rondell am Rennsteiggarten, Am Pfanntalskopf 3, 98559 Oberhof.

Beste Zeit: Dezember bis Februar. Eintritt inkl. Rückfahrt mit dem Busshuttle: www.outdoor-inn.de/naturrodelbahn-oberhof

Dauer: 1–2 Std.

Ausrüstung: Schlitten, Winterkleidung, Taschenwärmer.

Und dann geht es auch schon los. Die Strecke verläuft durch den Wald, teilweise mit Steilkurven und bis zu 12 Prozent Gefälle. Was für eine Gaudi! Konzentration und Geschick sind auf dieser Rodelbahn gefragt, geht es abseits der Piste doch steil bergab. Auch ein bisschen Sightseeing ist während der Abfahrt möglich. Die Strecke führt direkt am zugefrorenen Pfanntalsteich vorbei, einem beliebten Ausflugsziel für Wanderer.

Am Startpunkt der Naturrodelbahn können Schlitten geliehen und die Ticktes für den Start und das Busshuttle gelöst werden.

Das Ende der Route befindet sich am ehemaligen Bahnhof in Oberhof. Hier kann der Adrenalinkick verarbeitet und die Kurventechnik mit anderen Rodlern besprochen werden, bis der nächste Shuttlebus abfahrbereit ist. Er fährt direkt wieder hinauf zum Startpunkt und einer weiteren Fahrt steht nichts im Weg. Neben Einzelticktes werden auch 5er-Karten für die Schlittenfahrt auf der Naturrodelbahn verkauft.

Wer nach dem Abfahrtsspaß noch mehr Lust auf Schnee hat, kann von hier aus zu einer Schneeschuhtour starten oder sich zu einer anderen Wintersportart inspirieren lassen. In Oberhof warten perfekt präparierte Loipen für Skilanglauf, alpines Skivergnügen und sogar Thüringens erster Winterradweg! Dieser führt auf der Allee der Olympiasieger und Weltmeister entlang und umrundet Oberhof. Für Freestyle-Wintersport sorgt der Funpark im LOTTO Thüringen Snowpark Oberhof und das Tubing an der Alten Golfwiese. Ok, wann kommt der nächste Schnee?

FAZIT: RODELSPAß IST HIER GARANTIERT UND ALS WINTERSPORTFAN IST MAN IN OBERHOF AUCH FÜR VIELE WEITERE WINTERSPORTARTEN AN DER RICHTIGEN ADRESSE.

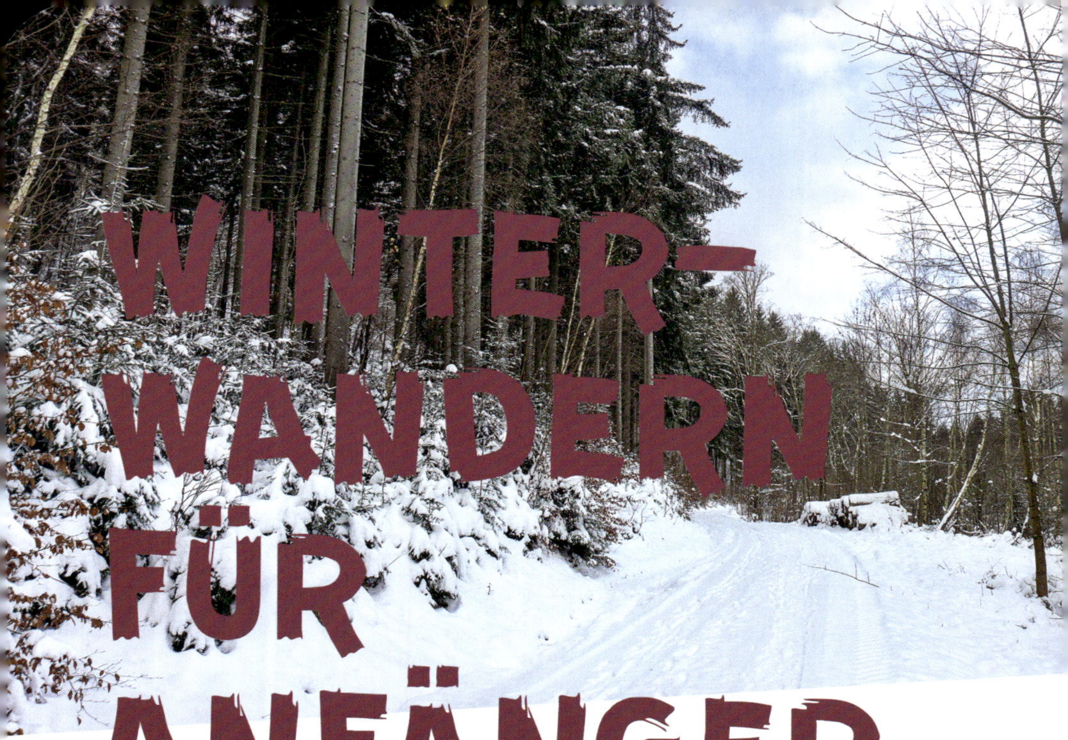

WINTER-WANDERN FÜR ANFÄNGER

... von Friedrichroda nach Bad Tabarz

#20

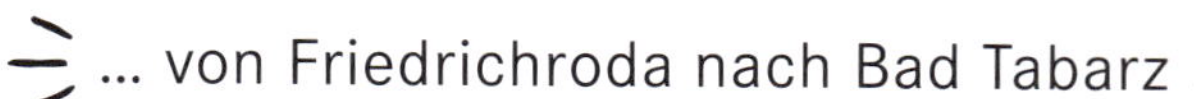

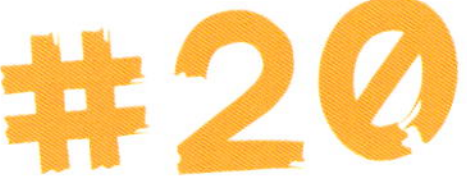

Bewegung an frischer Luft ist auch im Winter eine Wohltat für die Seele! Auf dieser Eskapade kann man sich entweder am Schnee erfreuen oder, wenn dieser ausbleibt, an einer der schönsten Gipskristallgrotten Europas.

#KurorteimWinter #Schneeballschlacht #Marienglashöhle

→ ABSTECHER ...

Die Marienglashöhle liegt direkt am Wanderweg und ist ein lohnenswerter Abstecher!

Der erste Schnee der Saison lockt viele Menschen nach draußen. Schlitten- oder Skifahren gehört für Thüringer zum festen Repertoire ihrer Winteraktivitäten. Aber auch das Wandern im Winter erfreut sich immer größerer Beliebtheit.

Wer das für sich erst einmal austesten möchte oder mit Kindern oder Angehörigen unterwegs ist, die nicht so gut zu Fuß sind, für den bietet sich eine einfache Wanderstrecke an. Wie zum Beispiel die zwischen den Kurorten Friedrichroda und Bad Tabarz. Hier führt ein breiter Wanderweg durch den Wald, der kaum Steigungen aufweist, bloß zum Ende hin etwas steiler bergab führt. Startpunkt ist der Kurpark in Friedrichroda. Die Strecke führt aus dem Ort hinaus an herrlichen Villen vorbei und in den Wald hinein. Schon nach kurzer Zeit kommt eine Lichtung unterhalb des Weges, auf der sich Gebäude aus dem Berg herausschälen. Wer nach unten steigt, bemerkt, dass ein eisernes Tor einen Eingang in den Berg verschließt. Es ist der Eingang zu einem ehemaligen Bergwerk, in dem von 1778 bis 1903 Gips abgebaut wurde.

Da die Temperatur unter Tage immer dieselbe ist, werden hier in der Marienglashöhle (www.marienglashoehle-friedrichroda.de) auch im

Winter Führungen angeboten. Im Schaubergwerk können verschiedene Gesteinsschichten des Thüringer Waldes entdeckt werden. Höhepunkte sind jedoch die Kristallgrotte, in der Gipskristalle wachsen, und der Höhlensee, in dem sich das Glitzern der Kristalle spiegelt.

Nach diesem kleinen Abenteuer läuft es sich noch viel beschwingter durch den Wald, weiter Richtung Bad Tabarz. Kurz nachdem den Wanderern das »Badewasser« entgegenläuft, öffnet sich der dichte Baumbestand und gibt die »Lange Wiese« am Tintenloch frei. Ein per-

Der Höhlensee und die Kristallgrotte sind die Höhepunkte in der Marienglashöhle.

fekter Ort für eine Schneeballschlacht oder um einen großen Schneemann samt Iglu zu bauen! Kurz darauf ist auch schon Bad Tabarz erreicht und man kann auch hier die prächtigen Villen der Kurstadt auf dem Weg Richtung Bahnhof bestaunen. Für alle, die sich von innen wärmen möchten, lohnt ein Abstecher zum Hotel Zur Post in der Lauchagrundstraße (www.hotel-tabarz.de). Das Restaurant Thüringer Stube überrascht mit einer modernen und hochwertigen Küche!

Die Winterwanderung kann auf derselben Strecke zurückgelaufen werden. Oder man nutzt eine komfortable Mitfahrgelegenheit auf Schienen. Denn die Thüringerwaldbahn verbindet als Überlandstraßenbahn mit ihrer Linie 4 Bad Tabarz und Friedrichroda in einer kurzen Fahrt mit Halt an der Marienglashöhle.

Hin & weg: Bahnhof Reinhardsbrunn-Friedrichroda, RB 20 von Erfurt nach Fröttstädt, RB 48 von Fröttstädt nach Reinhardsbrunn-Friedrichroda. Von dort aus ca. 20 Min. Fußweg bis zum Kurpark. Alternativ: Parkplatz am Schwimmbad Friedrichroda, Tabarzer Straße. Bad Tabarz – Friedrichroda: Thüringerwaldbahn, Linie 4.

Beste Zeit: Januar bis Februar.

Dauer & Strecke: 1–2 Std., einfache Strecke 4,5 km.

Ausrüstung: Handschuhe für eine Schneeballschlacht oder die Führung durch die Marienglashöhle.

FAZIT: WANDERN IM WINTER IST VERLOCKEND, WENN ES FRISCH GESCHNEIT HAT. ABER AUCH OHNE SCHNEE GIBT ES LOHNENDE WINTER-WANDER-ZIELE!

2. KAPITEL AUSFLÜGE

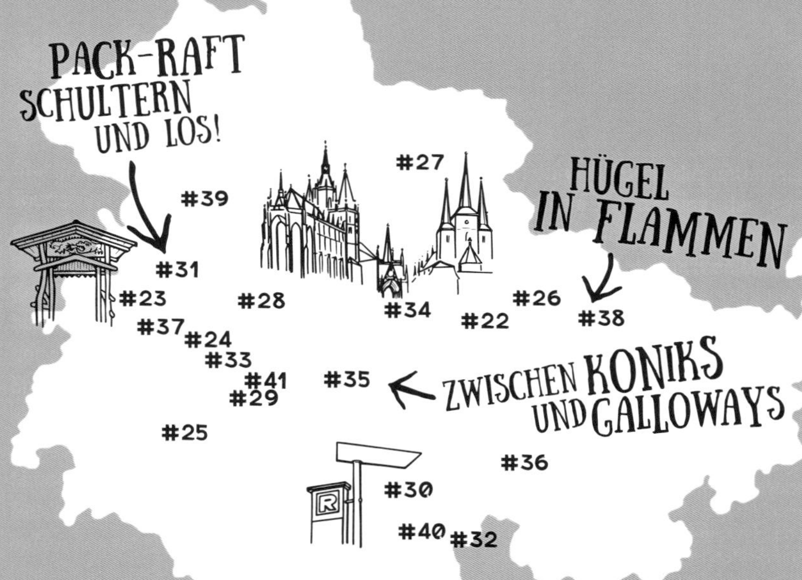

Raus für einen Tag

Bezaubernde Fachwerkstädtchen und beeindruckende Natur verschmelzen in Thüringen zu einer Symbiose, in der man sich für viele Stunden verlieren kann.

12H

FAHRRAD, KUNST UND KULTUR

... auf dem Feininger Radweg im Weimarer Land

#21

Der Weg ist das Ziel! Auf dem Feininger Radweg finden Kunst und Kultur eine besondere Verbindung: Neugierige entdecken die Skizzen des Malers Lyonel Feininger auf durchsichtigen Tafeln und können sie direkt mit dem Original-Gebäude vergleichen.

#abstrakteKunst #Kirchenmalerei #BauhausmitdemFahrrad

Der Maler Lyonel Feininger ließ sich von Dörfern und Kirchen im Weimarer Land inspirieren.

1906 zog es den Maler Lyonel Feininger erstmals nach Weimar. Mit dem Fahrrad machte er sich auf den Weg durch das Weimarer Land und skizzierte drei Jahrzehnte lang Kirchen, Brücken und Dorfkerne. Sein Skizzenbuch diente ihm später als Vorlage für seine berühmten Malereien. Auf dem Feininger Radweg (www.weimarer-land.travel/feininger-radweg) können Neugierige heute einige seiner bekanntesten Werke mit den Original-Gebäuden vor Ort vergleichen. Möglich machen dies durchsichtige Schilder, die den Blick in die Ferne freigeben und trotzdem über die Lieblingsmotive des Künstlers informieren.

Ein praktischer Startpunkt für diesen Rundweg ist in Weimar. Auf der Ostseite der Ilm führt der Radweg geradlinig am geschwunge-

nen Fluss entlang durch den idyllischen Park an der Ilm (www.klassik-stiftung.de/park-an-der-ilm). In Oberweimar liegt das Deutsche Bienenmuseum (www.lvti.de/dbm) direkt an

der Strecke. Nach der Stadt öffnet sich die Landschaft in eine weite Flur aus Feldern und Baumalleen. In Mellingen ist ein Abstecher vom eigentlichen Radweg zum Feininger-Turm Pflicht. Diese abstrakte Kunstinstallation ist der Malweise des Künstlers nachempfunden und bereits aus der Ferne gut zu erkennen.

Nach der Unterführung unterhalb der A4 ist die Ilm weiterhin treue Begleiterin auf der Strecke, die hier auch durch den Wald führt. In Oettern kann man eine der Feininger-Kirchen in Kombination mit einer uralten Steinbrücke entdecken, die sich malerisch über das breite Flussbett von Ilm und Mühlgraben erstreckt. Ein wunderschönes Ensemble!

Beeindruckende Architektur am Fluss bietet auch Buchfart. Die Fahrt über die vollständig

Der Mühlenladen in Buchfahrt mit seinem Backtag am Freitag ist ein Geheimtipp für das Wochenende.

bebaute Holzbrücke ist ein besonderes Erlebnis. Kurz auf ihr zu stoppen lohnt sich – aus dem Fenster bietet sich ein toller Blick auf die Pfeiffers-Mühle. Generell ist eine Pause zum Verweilen in Buchfart eine hervorragende Idee! Der Radweg führt direkt am Mühlenladen (www.buchfarter-muehlenladen.de) vorbei, der am Wochenende geöffnet hat. Das Alt-Deutsche Backhaus ist ein echter Geheimtipp und hält herzhafte sowie süße Speisen bereit. Freitags ist Backtag!

Nach dieser Stärkung ist man gut gewappnet für den Anstieg der Strecke bis nach Vollersroda. Ein weiter Blick ins Weimarer Land und blühende Felder entschädigen für die Anstrengungen. Der Höhepunkt der Radtour ist wohl die Feininger-Kirche in Gelmeroda. Sie ist eines der bekanntesten Motive des Bauhaus-Künstlers. Ein guter Ort für eine Rast im Garten des Gotteshauses und um sich, ebenso wie Feininger, inspirieren zu lassen. Am Abend wird die Kirche in den Bauhaus-Farben angestrahlt. Durch die Nähe zur Autobahn kann man für diese Illumination auch nach der Radtour noch einmal einen kurzen Abstecher mit dem Pkw machen, sobald es dämmert.

Ein letztes Kirchen-Kunstwerk liegt in Niedergrundstedt, bevor der Radweg wieder nach Weimar führt. Ein passender Abschluss für die Radtour ist ein Besuch im Bauhaus-Museum am Weimarhallenpark (www.klassik-stiftung.de/bauhaus-museum-weimar).

FAZIT: AUCH AUF DEM FAHRRAD KANN MAN KUNST ERLEBEN UND DAS SOGAR NOCH GREIFBARER ALS IN JEDEM MUSEUM!

Hin & weg: Vom Bahnhof in Weimar ca. 7 Minuten mit dem Fahrrad bis zur Kegelbrücke am Stadtschloss Weimar. Hier kann die Rundtour durch den Park an der Ilm gestartet werden.

Beste Zeit: April bis Oktober.

Dauer & Strecke: 4–5 Std. inkl. Pausen für den Radrundweg von 28,6 km einplanen.

Ausrüstung: Smartphone zum Navigieren oder eine Liste aller Kunstorte unterwegs, um auch wirklich keinen zu verpassen.

ZEITREISE INS DORFLEBEN

... im Thüringer Freilichtmuseum Hohenfelden

#22

Was passiert mit historischen Bauwerken, die nicht an Ort und Stelle erhalten werden können? Mit etwas Glück bekommen sie ein zweites Leben im Thüringer Freilichtmuseum! Ein Ort, an dem die Geschichten unserer Vorfahren erzählt werden.

#wiedieZeitvergeht #GeschichtezumAnfassen #alteHäuserrausgeputzt

Im historischen Limonadenpavillon werden Limonade, Kuchen und Suppe frisch zubereitet.

Der jährliche Frühjahrsputz fällt im beschaulichen Hohenfelden im Weimarer Land etwas größer aus: im Thüringer Freilichtmuseum (www.freilichtmuseum-hohenfelden.de) sind es mehr als 35 historische Gebäude, die aus dem Winterschlaf geweckt werden. Knarrende Holztreppen werden gewienert, Einrichtungsgegenstände arrangiert und wunderschöne Kachelöfen blank geputzt. Es sind Gebäude aus längst vergangener Zeit, die allesamt in Thüringen errichtet wurden. Viele unterschiedliche Menschen haben sie beherbergt, verschiedene Epochen durchlebt. Doch eins haben sie alle gemeinsam: Sie haben ihren Weg nach Hohenfelden gefunden. Einige wurden Stein für Stein an ihrem ursprünglichen Standort ab- und hier wieder aufgebaut. Andere konnten am Stück befördert werden. Auch diese beeindruckenden Transporte sind dokumentiert.

Am Kachelofen des Umgebindehaus Groschupp erzählen die früheren Bewohner ihre Geschichten.

Vor allem jedoch steht das Leben aus der vergangenen Zeit im Vordergrund. Im Hirtenhaus wird die anstrengende Lebensgeschichte des Hirten und seiner Familie erzählt, denen es schwer gemacht wurde, Fuß zu fassen. In der Schmiede ist die Arbeitsstätte direkt im Wohnhaus integriert und lässt erahnen, wie verrußt das Haus gewesen sein muss. Im Eichelborner Hof, einem Wohnstallhaus, waren es hingegen Kühe und Schafe, die mit den Bewohnern unter einem Dach lebten. Um Fliegen fernzuhalten, strichen sie die Wände leuchtend petrolblau. Ob das wohl geholfen hat …? Konzentration ist gefragt, wenn man den Geschichten aus dem Umgebindehaus Groschupp lauscht – die vom Hammerschmied-Meister Johann und seinem Enkelsohn Johannes werden auf Vogtländisch erzählt! Denn dieses besondere Haus stammt aus dem Thüringer Vogtland.

Die Saison im Freilichtmuseum am Eichenberg eröffnet ein Handwerkermarkt, der die Höfe mit buntem Treiben füllt. Gleichzeitig ziehen Hühner auf dem Gelände ein, die Gärten werden hergerichtet und Beete bestellt. Es ist ein lebendiges Dorf, das bis in den Oktober hinein besichtigt werden kann. Für Stärkung sorgt dabei das Team im Limonadenpavillon. Selbstverständlich auch ein Teil des historischen Ensembles, warten selbstgemachte Limonaden, Suppen und Kuchen auf die neugierigen Gäste.

Ein zweiter Teil des Freilichtmuseums findet sich direkt im Dorf. Es ist erstaunlich: Die gesamte Ortslage Hohenfelden steht unter Denkmalschutz. Das ist dem gut erhaltenen Ortsbild des 700 Jahre alten Dorfes zu verdanken. Kein Wunder also, dass auch Gebäude in der Ortsmitte zum Museum gehören.

Im Zentrum steht dabei der alte Pfarrhof, der Wohnhaus, Scheune und Ställe umfasst. Bis zum Ende des 19. Jahrhunderts besaßen Pfarrer nämlich eine eigene Landwirtschaft, um ihren Lebensunterhalt zu bestreiten. In der benachbarten Schule werden das Klassenfoto von 1909 und die rustikalen kleinen Bänke dem ein oder anderen sicherlich ein Schmunzeln ins Gesicht zaubern.

Die petrolfarbenen Fensterläden leuchten regelrecht am Eichelborner Hof. Erstaunlich ist, dass sich diese Farbe auch im Inneren wiederfindet.

FAZIT: DER BESUCH IM GROßZÜGIGEN FREILICHTMUSEUM IST EINE SPANNENDE ZEITREISE, DIE MAN AUCH WUNDERBAR MIT EINEM PICKNICK ERGÄNZEN KANN.

Hin & weg: Parkplatz Am Eichenberg 1, 99448 Hohenfelden und Parkplatz Alter Pfarrhof, Im Dorfe 16, 99448 Hohenfelden.

Beste Zeit: April bis Oktober.

Dauer: 4–5 Std. für beide Museumsbereiche.

Ausrüstung: Neugierde, trittfestes Schuhwerk für schmale Treppen und holprige Pfade.

DRACHEN IM THÜRINGER WALD

... in der Schluchtentour bei Eisenach

Bei einem Besuch in der Wartburgstadt Eisenach gehört eine Wanderung durch die Drachenschlucht dazu! Was viele nicht wissen – die Landgrafenschlucht ganz in der Nähe ist nicht weniger beeindruckend. Beide lassen sich perfekt miteinander verbinden.

#Märchenkulisse #FelsenMoose&Flechten #SchätzederNatur

Die bemoosten Felsen in der Drachenschlucht sind ein faszinierendes Naturschauspiel.

Auf dem Weg vom Mariental zur Eisenacher Schluchtentour lässt sich die Besonderheit dieses Waldabschnittes bereits erahnen. Mit dem Betreten der Landgrafenschlucht macht sich schnell das Gefühl breit, hier einen wahrhaftigen Schatz entdeckt zu haben. Steile Felswände säumen den Weg, ein schmaler Bachlauf ist steter Begleiter auf dem sich windenden Pfad bergauf. Ein perfekter Ort für Moose und Farne, um in den unterschiedlichsten Formen zu wachsen. Magie liegt in der Luft, und es würde nicht überraschen, wenn hinter der nächsten Biegung eine Märchenfigur auftaucht.

Während der Weg schmaler und steiler wird, tauchen immer mehr Stahlseile und Holzbrücken auf, die einen sicheren Tritt durch die Schlucht verschaffen. Schließlich weichen die Gesteine dem Wald, und man begegnet dem ersten Drachen dieser Tour auf einer Lichtung, dem Großen Drachenstein. An dieser alten, ehrwürdigen Eiche sitzend, schweift der Blick über den Thüringer Wald bis nach Mosbach

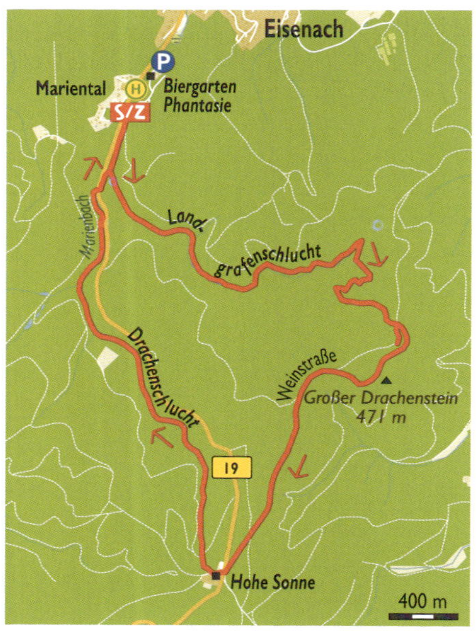

und zum Inselsberg. Es ist mit 471 Metern über Normalnull der höchste Punkt der Wandertour und perfekt, um den Moment zu genießen und sich zu fragen, wie es wohl aussähe, wenn tatsächlich ein Drache über die Wipfel der Bäume fliegen würde. An dieser Stelle kreuzt ein Wanderweg aus der Reihe Thüringer Urwaldpfade

Hin & weg: Bushaltestelle Drachenschlucht (Mariental), Linien 3 und 190; Parkplatz am Biergarten Phantasie, Mariental 22, 99817 Eisenach.

Beste Zeit: Ganzjährig. Besonders schön, wenn das Laub grün oder bunt an den Bäumen hängt.

Dauer & Strecke: 5 Std. inkl. Pausen zur Rast und für Fotos für den Rundwanderweg von 10 km einplanen.

Ausrüstung: Trittsicheres Schuhwerk, dünne Jacke (in der Drachenschlucht ist es immer kühl und feucht), Blick fürs Detail in den Schluchten.

Von meterhohen Felsen bis hin zur blühenden Aue verzaubert dieser Weg mit seiner wandelbaren Natur.

die Strecke und unterstreicht die herrliche Ursprünglichkeit in diesem Waldabschnitt.

Auf dem Weg zur Drachenschlucht jedoch schlägt die Schluchtentour die andere Richtung zur Hohen Sonne ein. Bis dorthin folgt der Weg der Weinstraße durch den Thüringer Wald. Der Rennsteig wird links und rechts liegen gelassen, und nach Überquerung der Straße bietet sich eine Rastmöglichkeit mit Imbiss an. Mit einem tollen Blick auf die Wartburg beginnt der Abstieg zur sagenumwobenen Drachenschlucht beginnt!

Während der erste Abschnitt der Landgrafenschlucht ähnelt, fällt der Pfad dann plötzlich steil bergab und wird durch Stufen und Trittroste ersetzt. Man wandert nicht einfach durch die Schlucht – man wird ein Teil von ihr. An den Felsen entlang und auf dem Marienbach führt der Weg durch die Klamm, bis schließlich auch die Wände näherkommen. An der schmalsten Stelle sind die Felsen gerade einmal 70 Zentimeter voneinander entfernt. Die Moose an den engen Wänden sind ebenso feucht wie der Boden, die Luft ist kühl. Seltene Gewächse wie die Teufelskralle und die Zahnwurz lieben dieses Klima. Nur wenig Licht dringt bis zum Grund. Eine Szene wie aus einem Märchen in dieser 250 Millionen Jahre alten Schlucht.

Einen vermeintlichen Drachen hat bisher nur einer hier getroffen: der Heilige Georg, Schutzpatron von Eisenach. Einer Sage nach hat er gegen einen riesigen Lindwurm gekämpft, der zwischen den Felsen hauste.

Heute dagegen ist das Verlassen der Schlucht ein Spaziergang. Der Bachlauf weist den Weg zurück ins Mariental, wo die vielfältigen Eindrücke im Biergarten Phantasie (www.facebook.com/biergarten.de) vertieft werden können.

FAZIT: WER AUF DIESER WANDERTOUR DRACHEN SUCHT, WIRD NATURSCHÄTZE FINDEN, DIE BEEINDRUCKENDER NICHT SEIN KÖNNTEN.

GIPFEL- UND ERLEBNIS-TOUR

... in Bad Tabarz

#24

Die Gipfel- und Erlebnistour ist eine abwechslungsreiche Wanderstrecke, die 2022 vom deutschen Wandermagazin zu Deutschlands schönstem Wanderweg in der Kategorie Tagestouren ausgezeichnet wurde! Ein guter Grund, sie selbst zu entdecken!

#aussichtsreich #wildromantisch #zumKletternschön

Ein Highlight der Wandertour ist das Gipfelkreuz am Aschenbergstein.

Die Bad Tabarzer Gipfel- und Erlebnistour ist seit der Auszeichnung zu Deutschlands schönstem Wanderweg in aller Munde. Dabei stellt sich die Frage: Was macht die Faszination um diese Tour aus?

Der erste Streckenabschnitt, der bereits zügig bergauf führt, besticht mit dem Ausblick über Bad Tabarz und reicht weit ins umliegende Land. In einer Wanderhütte direkt am Hang hält der örtliche Wanderverband hin und wieder eine süße Überraschung für Neugierige, Wandersleute und Stempelsammler:innen bereit. Von hier aus führt der Weg tiefer in den Wald hinein und schärft den Blick für Moose, Pilze und die Schönheit der Bäume. Die Blickrichtung wechselt, und während man an der Hexenbank die Spitze des Inselsbergs entdeckt, richtet sich die Aussicht vom Gickelhahn über den Wald nach Osten. Eine gute Stelle zum Verschnaufen. Anschließend geht es über eine Steiltreppe zum fünfarmigen Wegweiser und schließlich zum Hirschstein. Letzterer bietet einen Vorgeschmack auf die außergewöhnlichen Felsformationen, die die zweite Hälfte des Wanderweges bereichern. Nach einem schmalen Aufgang über Stufen und Fels fällt der Blick über den südlichen Thüringer Wald.

Von nun an ist der Wald dichter und uriger. Schon bald kommt eine große, auffällige Felsformation in Sicht, an der durchaus auch geklettert wird: der Rote Turm. Der Weg führt direkt durch den spitz aufragenden Felsen. Auf dem folgenden Pfad bergab fallen immer wieder erstaunliche Felsformationen ins Auge, bis man den wohl schönsten Ausblick auf dem Aschenbergstein erklimmt. Wer das Gipfelkreuz erreichen will, sollte trittsicher

---

Hin & weg: Haltestelle Thüringerwaldbahn, Linie 4; Parkplatz am Straßenrand, z. B. Theodor-Neubauer-Park.

Beste Zeit: April bis Oktober.

Dauer & Strecke: 5–6 Std. für den Rundwanderweg von 11 km Länge einplanen.

Ausrüstung: Festes Schuhwerk, Fernglas.

Wundervolle Weitblicke, gemütliche Rastmöglichkeiten und bizarre Felsformationen im Wald – die Gipfel- und Erlebnistour besticht mit abwechslungsreichen Naturschauspielen.

sein. Oben herrscht freie Sicht auf den markanten Inselsberg und den umliegenden Wald.

Die Gipfel dieser Wanderung sind nun alle bezwungen, der Weg windet sich als Pfad am Bachlauf der Strenge bergab bis ins romantische Lauchatal. Der Abstieg ist teils steil und durch Stufen gesichert, an bemoosten Felsen entlang, begleitet vom Gluckern des Baches. Unten fließen Strenge und Laucha am Tempelchen zusammen. Ganz in der Nähe können die Felsformationen Torstein und Backofenlöcher bestaunt werden (Eskapade 46). Wunderschön ist aber auch der Weg zurück nach Bad Tabarz durch das Lauchatal. Er führt durch den Kurpark, in dem man ein Kneippsches Armbad nehmen kann. Oder man lässt sich im Struwwelpeter-Park in die Welt der Märchen entführen.

Ein gelungener Ausklang der Wandertour ist auf jeden Fall im Theodor-Neubauer-Park bei Die Teigmacher (www.dieteigmacher.com) garantiert. In der ehemaligen Lesehalle wird nicht nur ausgezeichnetes Brot, sondern auch leckerer Kuchen und Goldhelm Eis aus Erfurt verkauft. Bei schönem Wetter stehen die Terrasse sowie Picknickdecken für die Wiese rund um den Springbrunnen zur Verfügung. Welch ein Genuss für Gaumen und Seele!

FAZIT: DIESE WANDERTOUR VEREINT VIELSEITIGE AUSBLICKE ÜBER DEN THÜRINGER WALD MIT ÜBERRASCHENDEN KLETTERFELSEN UND EINEM WILDROMANTISCHEN TAL.

ZONE

URBAN ART TRIFFT FACHWERK

… in Schmalkalden

#25

Schmalkalden ist für seine wunderschönen Fachwerkhäuser in der Altstadt bekannt. Seit ein paar Jahren zieren aber auch Urban-Art-Kunstwerke einige Gebäude, die einen genauen Blick wert sind und die Straßen auf moderne Art und Weise bereichern.

#KunstanHäusern #UrbanArt #Wallcome

Wer durch Schmalkalden schlendert, wird neben historischen Fachwerkhäusern auch immer wieder Murals entdecken – moderne, kreative Wandmalereien. Ungewöhnlich für so eine mittelalterliche Stadt? Vielleicht. Ein Kunstfestival der besonderen Art hat 2014 nationale und internationale Urban-Art-Kunstschaffende in Schmalkalden zusammengebracht. »Wallcome« (wallcome.de) wurde vom Kunstverein Villa K e. V. initiiert und widmete sich dem jüdischen Leben in Thüringen und Deutschland. Die Kunstwerke sollen dazu

In der Straße »Hoffnung« entstand das Portrait von Magda Brown im Rahmen des Projektes »Gegen das Vergessen«. Sie ist eine der Holocaust-Überlebenden.

anregen, über das gesellschaftliche Zusammenleben nachzudenken und für eine Kultur des Erinnerns sensibilisieren.

Die Eskapade führt zu zehn der insgesamt 13 Werke, die seitdem entstanden und in der Innenstadt zu finden sind. Den Start macht »The Wallcome Roundhouse« in der Haindorfsgasse, eine Lockschuppendrehscheibe in Schwarz-Weiß. Auf dem Weg in die Altstadt blinzelt ein Roboterjunge mit einem Fußball unter dem Arm zwischen den historischen Fachwerk-Fassaden hervor, kurz bevor der Altmarkt zum Staunen versetzt. Die Sankt-Georg-Kirche und herrliche Fachwerkhäuser schmücken den Markt. Am Ende der Tour kann hier genüsslich verweilt werden.

Die Route führt nun bewusst hinter der Kirche entlang, um auch kleine Gassen und versteckte Fachwerkhäuser zu entdecken, bevor »The Bat« und »The Day The Clown Cried« den Fokus wieder auf die Urban Art lenken. Auf der Website der Tourist-Information Schmalkalden (www.schmalkalden.com) sind die bewegenden Geschichten hinter den Kunstwerken erklärt. An der modernen Wettersäule auf dem Lutherplatz geht es weiter nach links, vorbei an den »Köpfen der Reformation« Richtung »A Dream In Ultramarine«. Auf dieser Strecke liegen das Café und Begegnungszentrum Milchhalle (www.b-u-k-s.de/de/milchhalle), das Café Liebaug mit Baumkuchenmanufaktur (www.instagram.com/anja_liebaug) und eine der schönsten Buchhandlungen Deutschlands! Ein Abstecher ins Lesezeichen (www.lesezeichen-schmalkalden.de) lässt das Herz jedes Buchfans höherschlagen! Vom ultramarinen Kunstwerk aus spaziert man zurück zum Lutherplatz über den kleinen, aber liebevoll hergerichteten Reformationsgarten. »The Sad Song«, »Magda Brown« und »The Revival« liegen anschließend nah beieinander, bevor es in den östlichen Teil der Innenstadt geht und lohnt ein Abstecher zum Schloss Wilhelmsburg. Auf dem Weg um den Schlossteich herum kann der herrliche Terrassengarten bestaunt werden. Um zum letzten Urban-Art-Kunstwerk zu gelangen, führt der Weg durch die Einkaufszone am Pulverturm und schließlich zur Näherstiller Straße. An einer Wand der ehemaligen jüdischen Schule findet sich »The Flock Of Birds«. Ein Vogelschwarm, der die Sehnsucht, einen großen Raum zu füllen, symbolisiert.

Der Rückweg zum Stadtzentrum zeigt noch einmal kleine, altertümliche Gassen, bevor der Tag am Altmarkt ausklingen darf.

FAZIT: HISTORISCHE GEBÄUDE UND MODERNE KUNST VERSCHMELZEN IN SCHMALKALDEN ZU EINEM STADTENSEMBLE, DAS MAN SICH IMMER WIEDER ANSCHAUEN MÖCHTE.

Hin & weg: Bahnhof Schmalkalden, Regionalbahn 43; Parkplatz Pfaffenwiese.

Beste Zeit: Ganzjährig.

Dauer & Strecke: 4–5 Std. bei gemütlichem Tempo und Zeit zur interessierten Betrachtung der Kunstwerke sowie Kaffee- und Lesepause für die 3,2 km lange Tour.

Ausrüstung: Smartphone oder Fotoapparat.

KULTUR-SPAZIER-GANG

... im Park an der Ilm in Weimar 

#26

Als Teil des UNESCO-Welterbe-Ensembles Klassisches Weimar ist der Park an der Ilm ein Ort, der Landschaftsarchitektur und Kultur auf einzigartige Weise miteinander verbindet. Ein ausgiebiger Spaziergang sorgt für viele Überraschungsmomente.

Das Römische Haus kann kostenfrei besichtigt werden.

Die einzigartige Geschichte dieses Parks (www.klassik-stiftung.de/park-an-der-ilm) nahm ihren Lauf, als Herzog Carl August 1776 dem Dichter Johann Wolfgang von Goethe ein Haus mit Garten schenkte: Goethes Gartenhaus. Ein perfekter Ort, um einen ausgiebigen Kultur-Spaziergang durch den Park zu beginnen. Den Weg dorthin bereitet die wunderschöne, hölzerne Naturbrücke über die Ilm. Kurz darauf ist es ein Genuss, das Gartenhaus mit seinem blühenden Vorgarten von außen zu betrachten. Gegen einen geringen Eintritt kann es auch von innen besichtigt werden und gibt interessante Einblicke in das Leben und Wirken von Goethe in Weimar.

Er war es, der gemeinsam mit Herzog Carl August den Landschaftspark im neuen englischen Stil plante und dabei mehrere Gärten miteinander verband. Gemeinsam schufen sie ein begehbares Kunstwerk! Den Höhepunkt der Parkentwicklung markierte der Bau des Römischen Hauses nach dem Vorbild römischer Villen. Carl August nutzte es als beliebten Sommersitz. Heute beherbergt es im Untergeschoss ein interaktives Parkmodell, das einen Überblick über die Anlage ermöglicht, die Geschichte des Parks erzählt und zu einem interaktiven Spiel einlädt. Der Zugang zum Römischen Haus ist während der Öffnungszeiten in den Sommermonaten kostenfrei.

Das Goethe Gartenhaus ist ein beliebtes Ausflugsziel im Park an der Ilm. Die App Weimar+ verrät spannende Fakten über den Park und seine Sehenswürdigkeiten.

Die Entwicklung des Parks und interessante Geschichten einzelner Orte und Kunstobjekte, können aber auch während des Spaziergangs über die App Weimar+ (www.klassik-stiftung.de/digital/app) entdeckt werden. Eine interaktive Karte gibt den Überblick, Fritz von Stein erzählt spannende Anekdoten mit persönlichen Einblicken, die diesen Rundgang zum Erlebnis machen! Für Familien mit Kindern kann dieses Erlebnis mit der Rucksack-Entdeckertour Unterwegs mit Fritz von Stein noch erweitert werden. Dabei muss der wertvolle Park in einer Mission vor kleinen Teufelchen gerettet werden!

Nicht mehr zu retten war das Tempelherrenhaus nach dem Zweiten Weltkrieg. Die heutige Ruine ist aber immer noch ein beachtliches Bauwerk, das von allen Seiten inspiriert und spüren lässt, wie hier zu Goethes Zeit ausgelassen gefeiert wurde. Einen ganz anderen Blick auf den Park gibt das Erlebnis Parkhöhle. Zwölf Meter unter der Erde kann die 200 000 Jahre alte Erd- und Menschheitsgeschichte im Stollensystem nachempfunden werden. Doch auch an der Oberfläche verbirgt sich im Park an der Ilm hinter jeder Biegung eine historische Stätte oder ein Naturdenkmal. Es ist eine Freude, sich von den verschlungenen Wegen führen zu lassen.

Wer sich am Ende der Entdeckungen im 48 Hektar großen Park entspannt dem Lauf des Flusses hingeben möchte, kann sich an einem romantischen Picknickplatz nah am Stadtschloss niederlassen. Mit Blick auf die Sternbrücke, unter dem Laub der Stadtbäume lässt es sich herrlich träumen und all die klei-

nen und großen Schätze des Parks an der Ilm Revue passieren. Auch die weißen Schwäne lieben diesen Platz.

FAZIT: IN DIESEM HISTORISCHEN PARK KANN MAN DEN GANZEN TAG VERBRINGEN UND DOCH IMMER NOCH ETWAS NEUES ENTDECKEN!

Hin & weg: Bushaltestelle Weimar, Wielandplatz, Linien 1, 5, 6 und 8.

Beste Zeit: Mai bis Oktober.

Dauer: 4–5 Std. reine Laufzeit, den ganzen Tag inklusive Besichtigungen und Picknickpause.

Ausrüstung: Picknickdecke, Snacks und gute Freunde.

GARTEN DES EWIGEN GLÜCKS

... in Weißensee

#27

In der Mitte Deutschlands, im beschaulichen Kleinod Weißensee, befindet sich die größte Einzelanlage eines Chinesischen Gartens in Deutschland. Obwohl es rundherum mittelalterlich zugeht ...

#Teepavillon #TerrakottaKrieger #MittelalterstadttrifftChina

In das Minnesängerdenkmal auf dem Marktplatz ist ein Brunnen mit Wasserlauf integriert.

Die Stadt Weißensee ist eine mittelalterliche Kleinstadt im Herzen Thüringens. Mit dem Bau eines Chinesischen Gartens (www.weissensee.de) wurde der Ort überregional bekannt und lockt zahlreiche Gäste, auch zum Heiraten, in den Garten des ewigen Glücks.

Vom Parkplatz am Gondelteich aus kann man bereits den ersten Pavillon entdecken. Er schwebt auf einem Steg über dem Teich und lässt erahnen, wie anmutig und harmonisch die Gartenanlage sein muss. Der Weg zum Eingang führt durch das mittelalterliche Zentrum Weißensees. Ein Abstecher auf die Runneburg ist eine schöne Gelegenheit auch dieses historische Flair aufzusaugen. Wunderschön ist zudem der Marktplatz mit dem Romanischen Rathaus von 1198 und dem Minnesängerdenkmal.

Diese Äffchen sind ein paar der steinernen Tiere im Skulpturengarten.

Dort befindet sich auch der Eingang zum Chinesischen Garten mit der Kasse am Südtor. Mit dem Betreten des Geländes fällt der Blick auf den Teepavillon in der Mitte der Anlage, der über dem Teich der vier Jahreszeiten thront. Statt direkt auf ihn zuzugehen, empfiehlt es sich aber, den Weg rechts einzuschlagen und eine Besonderheit der Anlage zu entdecken: eine Sammlung hochwertiger und zertifizierter Terrakotta-Krieger. Sie sind Nachbauten in Originalgröße von der Terrakotta-Armee, die in der Grabanlage des ersten Kaisers von China gefunden wurden. Es ist ein besonderes Gefühl, diesen Tonkriegern gegenüberzustehen, von denen jeder einmalig in seinem Aussehen ist.

Wahrhaft ehrfürchtig betritt man nach dieser Begegnung erneut den Garten und findet sich sogleich in einem der zwei Laubengänge wieder. Auf dem Weg durch den Skulpturengarten verliert sich der Blick in den Details der liebevoll gefertigten Tierskulpturen. Bis man schließlich den Pavillon der Freude erblickt. Hinter ihm plätschert das Wasser in den Teich der vier Jahreszeiten. Die Gestaltung des Gartens steht für die Harmonie zwischen Natur und Mensch: Erde, Himmel, Steine, Wasser, Gebäude, Wege und Pflanzen sind in Einklang.

Am Ende des Chinesischen Gartens wartet der Pavillon des duftenden Wassers. Er eröffnet den Blick auf den Gondelteich mit Seepavillon.

Der Mensch kommt als achtes Element hinzu. Diese Verbindung und Harmonie sind hier ganz deutlich zu spüren.

Ein Spaziergang durch den Chinesischen Garten entschleunigt auf erstaunliche Art und Weise. Man möchte langsam laufen, Pflanzen und Gebäude genau betrachten und fühlt sich frei und entspannt. Der Weg windet sich weiter um den Teich herum zum Teehaus und über den Zickzack-Steg zum Hochzeitspavillon.

Schließlich endet der Garten am Nordtor mit einer Reihe wunderschöner Bepflanzungen auf der Blumenterrasse und findet eine Fortführung über einen Holzsteg zum Pavillon des duftenden Wassers. Hier öffnet sich der Blick über den Gondelteich hin zum Seepavillon, den man zuvor bereits vom Parkplatz aus entdecken konnte. An der Kastanienpromenade mit dem Sagenweg findet sich der Ausgang zurück Richtung Parkplatz.

FAZIT: HARMONIE IN ALLEN ELEMENTEN FÜHREN IN DIESEM GARTEN ZU EINER ENTSCHLEUNIGUNG, DIE MAN SOFORT SPÜRT UND NICHT MEHR LOSLASSEN MÖCHTE.

Hin & weg: Parkplatz am Gondelteich; Eingang: Marktplatz 21a, 99631 Weißensee.

Beste Zeit: April bis Oktober.

Dauer: 2–3 Std. in aller Ruhe und Gelassenheit.

Ausrüstung: Zeit, um im Chinesischen Garten ganz bei sich sein zu können.

UNTER-TAUCHEN IN GOTHA

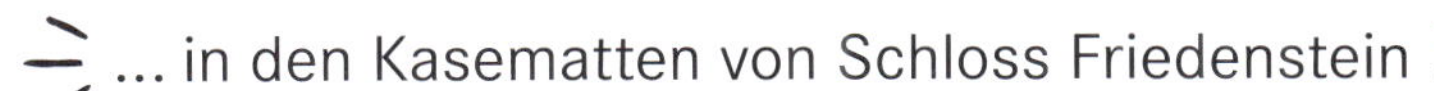

… in den Kasematten von Schloss Friedenstein

#28

Die zwei Türme des Schlosses Friedenstein sind bereits aus weiter Ferne gut erkennbar und Wahrzeichen von Gotha. Diese Eskapade führt jedoch in die unterirdischen Gänge einer der stärksten barocken Festungsanlagen Deutschlands.

#Gothavonunten #FestungsSpaziergang #GartenmitGeschichte

Startpunkt dieser Eskapade ist die Gothaer Tourist-Information am Hauptmarkt. Hier werden nicht nur die Tickets für die Führung durch die Kasematten am Schloss Friedenstein (www.stiftung-friedenstein.de) verkauft – es bedarf auch einer genauen Erklärung, wo sich der Eingang zu diesen befindet. Und auch die Einrichtung der Tourist-Information selbst ist ein Hingucker! Kaum verlässt man die Räumlichkeiten, kommt man mit dem Blick auf das historische Rathaus erneut ins Schwärmen. Der Weg zum Schloss Friedenstein führt bergauf an der Wasserkunst entlang. Eine herrliche Installation aus Brunnen, Wasserfällen und Blumen, die vom Leinekanal gespeist wird.

Links vom Schloss befindet sich der Eingang und Treffpunkt zu den unterirdischen Kasematten. Diese können nur im Rahmen einer Führung besichtigt werden, Jacke überziehen, denn in der barocken Festungsanlage sind es acht Grad Celsius!

Die Führung durch die unterirdischen Gänge erklärt die Entstehung der Festungsanlage auf anschauliche Art und Weise und ist dank steiler Treppen und schmaler, feuchter Gänge durchaus abenteuerlich. Ausgeklügelte Strategien zur Abwehr feindlicher Truppen lassen sich durch den gut erhaltenen Zustand von Büchsengalerien, Hinterwehren und vielen

---

Hin & weg: Hauptbahnhof Gotha, Regionalbahn 20. Zur Tourist-Information: Straßenbahn-Haltestelle Gotha, Bertha-von-Suttner Platz, Linien 1 und 4 vom Hauptbahnhof aus. Vom Schloss Friedenstein zurück zum Hauptbahnhof: Straßenbahn-Haltestelle Gotha, Orangerie, Linien 1, 2 und 4.

Beste Zeit: Ganzjährig, die Parkanlage ist von Mai bis Oktober besonders schön.

Dauer: Führung durch die Kasematten – 1 Std., Besichtigung des Englischen Gartens und ggf. Schloss Friedenstein und des Herzoglichen Museums – den ganzen Tag.

Ausrüstung: Dicke Jacke, auch im Sommer. In den Kasematten sind es beständig 8 Grad Celsius.

Im barocken Schloss Friedenstein sind das eindrucksvolle Schlossmuseum und Eckhof Theater Anziehungspunkte.

weiteren militärischen Ideen gut nachvollziehen. Glücklicherweise wurde die ausgeklügelte Anlage nie für den Ernstfall gebraucht.

Zurück am Tageslicht erfreuen sich Geist und Seele am satten Grün des Englischen Gartens, dessen Besichtigung sich im Anschluss anbietet. Ganz in der Nähe befindet sich die Orangerie, auf die man einen herrlichen Blick genießt. Auf dem Weg zu den Parkteichen wird unweigerlich das Herzogliche Museum passiert. Es beherbergt eine einzigartige Kunstsammlung, aus der die Sammelleidenschaft der Gothaer Herzöge hervorgeht. So erklären sich auch die Skulpturen im Park. Bei einer Umrundung des Großen Parkteiches fällt der Blick auf den Merkur-Tempel am Ufer. Der Kleine Parkteich bietet idyllische Sitzmöglichkeiten.

Auf dem Rückweg in die Innenstadt lohnt sich der Aufstieg zum Schloss Friedenstein: Um die Ausstellungen zu besichtigen, aber auch um einen Blick auf die Stadt mit Wasserkunst, historischem Rathaus und in die Ferne werfen zu können. Wer sich nun nach einer Pause und einer Tasse Kaffee sehnt, der ist im Restaurant Pagenhaus (pagenhaus.de) direkt am Schloss Friedenstein bestens aufgehoben. Zum Abendessen ist es empfehlenswert, einen Tisch zu reservieren. Sollte der Hauptmarkt wieder das Ziel dieser Tour sein, ist das Glockenspiel um 16.55 Uhr an der Innungshalle mit etwas Glück der perfekte Ausklang für diesen besonderen Tag in Gotha.

FAZIT: DAS SCHLOSS FRIEDENSTEIN BEHERBERGT EINE SPANNENDE GESCHICHTE IHRER KASEMATTEN, DEREN BESICHTIGUNG WIRKLICH ABENTEUERLICH IST!

BACH, WALD & WIESE

… im Apfelstädter Grund im Thüringer Wald

Der Erlebnispfad im Apfelstädter Grund ist an warmen Sommertagen ein perfekter Wanderweg für Familien. Neugierige Blicke in die Beerenhöhle und das Spielen in der Apfelstädt bieten Erfrischungen auf dieser leichten Wandertour.

#beimBärenzuBesuch #Dämmebauen #SpieleninderNatur

Felsen, Moose und hohe Bäume im Thüringer Wald. Ein Ort für kleine Natur-Schatzsucher.

Wald und Wiesen als Erlebnisreich für Familien zu nutzen ist ein kostbares Geschenk in der Kindheit. Dieser Erlebnispfad ist eine kleine, leichte Rundwanderung durch das Tal entlang der Apfelstädt. Auf den breiten Wegen lässt es sich gut auch mit Kinderwagen oder Laufrad fahren.

Die Eskapade beginnt am Sportplatz und schon nach wenigen Schritten ist der erste Höhepunkt in Sichtweite: die alte Tambacher Talsperre. Neugierigen Kindern fällt die Staumauer sofort auf und die Farbe des Wassers, in dem sich die Bäume spiegeln, bietet ein großartiges Fotomotiv. Kurz bevor sich die Bäume lichten und Wiesen neben dem Wanderweg auftauchen, führt ein schmaler Pfad an einer Steinbank ein Stück in den Wald hinein. Ein schöner kleiner Abstecher, um sich Felsen näher anzuschauen und am Waldboden Zapfen und Schneckenhäuser zu sammeln.

Die alte Tambacher Talsperre ist Thüringens älteste Trinkwassertalsperre.

Die Wurzeln der Bäume, die den weiteren Weg entlang des Baches säumen, sind von dickem Moos bewachsen und lassen den Wald märchenhaft aussehen. Auf dem Erlebnispfad sind kleine Stationen für die Kinder eingerichtet. Beim Tierweitsprung etwa lässt sich testen, ob man so weit wie ein Fuchs oder wie ein Eichhörnchen springen kann.

Am beliebtesten sind aber sicherlich die Wasserspielstation und die Beerenhöhle, die beide fast gegenüber voneinander liegen. An dieser Stelle ist die Apfelstädt flach und breit – perfekt, um mit den herumliegenden Steinen und Ästen Dämme zu bauen oder das Wasser mit einem Eimer in das kleine Spielgerät zu füllen. Die Beerenhöhle wird von einem Holzbären bewacht, den es nicht stört, wenn Kinder auf seinen Rücken klettern. Eine gute Stelle zum Verweilen und um die ersten Snacks auszupacken.

Wer von hier aus noch weiterläuft, wird mit herrlichen großen Farnen belohnt, die entlang des Flusslaufs wachsen. Und sieht vielleicht auch die gestreiften Kühe, die hier manchmal grasen ... wer hat die bloß angemalt? Der Weg verläuft entlang der Felsformation Bielstein und der Bielstein-Quelle.

An der sprudelnden Quelle, bei der das Wasser aus dem Wald herausfließt, findet sich eine kleine Bank für eine weitere Rast. Das kalte klare Nass regt zum fantasievollen Spielen im Schatten der Bäume an.

Schön anzusehen ist auch die große Blumenwiese, deren Pflanzen auf einer Infotafel beschrieben werden. Überhaupt gibt es einige Informationsschilder entlang des Weges, auf denen die Tier- und Pflanzenwelt erklärt wird.

Hin & weg: Parkplatz am Sportplatz Tambach-Dietharz, Apfelstädter Straße. Waldschwimmbad, Spitterstraße 23, Tambach-Dietharz.

Beste Zeit: Ganzjährig, zum Spielen im Bach besser an warmen Sommertagen.

Dauer & Strecke: 4-5 Std., Rundwanderweg 4,7 km.

Ausrüstung: Wechselkleidung oder Matschsachen für die Kinder, Körbchen für gesammelte Schätze, ausreichend Verpflegung.

Neugierige Kinder finden ein kleines Kletterabenteuer in der Beerenhöhle.

Im letzten Drittel der Strecke führt der Rückweg parallel zum Hauptweg durch den Wald hindurch, wo im Spätsommer bereits viele verschiedene Pilze zu finden sind. Den Rest geht man auf gleichem Weg zurück.

Tipp: Kleine Abkühlung nach der Wanderung gefällig? Im Spittergrund in Tambach-Dietharz befindet sich eines der ältesten Thüringer Freibäder. Dieses Waldschwimmbad wird mit dem klaren Wasser der Spitter gefüllt und ist im Sommer ein echtes Badeerlebnis!

FAZIT: OFTMALS SIND ES DIE EINFACHEN DINGE WIE EIN FLACHER, BREITER BACHLAUF, DIE EINE WANDERUNG MIT KINDERN ZUM ERFOLGSERLEBNIS MACHEN.

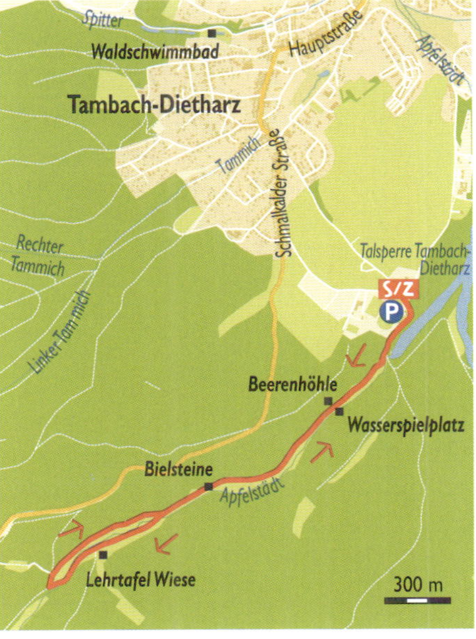

DR WALD

IN DER PRAXIS VON DOKTOR WALD

#30

Er ist ein Ort der Heilung, stiller Begleiter durch alle Lebenslagen und immer zur Stelle, wenn wir ihn brauchen – der Wald. Im UNESCO-Biosphärenreservat Thüringer Wald lädt der Doktor-Wald-Weg dazu ein, diesen natürlichen Raum für die eigene Gesundheit zu erkunden.

#HeilmittelNatur #KörperSeeleGeist #Atemweg

Am Bahnhof Rennsteig sollte man eine Pause im rustikal-modernen Thüringer Waldlokal einplanen.

Wenn Stress und Hektik im Alltag zunehmen, sehnen sich viele Menschen nach Entschleunigung. Finden können sie diese zum Beispiel im Wald. In der natürlichen Umgebung sinkt der Geräuschpegel, die Sinne werden sanft gestreichelt, und das Tempo verlangsamt sich.

Im UNESCO-Biosphärenreservat Thüringer Wald wurde ein Rundwanderweg geschaffen, der sich dem Wald als heilsamen Ort widmet: der Doktor-Wald-Weg. Er schlängelt sich zwischen Stützerbach, Frauenwald und Schmiedefeld hinauf bis auf den Rennsteig und wieder hinab ins Busselbachtal. Auf dem Weg liegen 15 Impulsstationen und Ruhepunkte, die den Wald in seiner Vielfalt präsentieren. Hier findet jede:r die Therapie, die sie/er gerade braucht und passende Übungseinheiten gleich dazu. Oder ist einfach nur das stille Liegen unter dem saftig grünen Blätterdach eine Wohltat?

Die Tour kann in Stützerbach oder am Bahnhof Rennsteig begonnen werden. Beide Orte werden an den Wochenenden und an Feiertagen vom RennsteigShuttle angefahren. In Stützerbach führt der Weg an der Kneipp-Anlage mit Kräutergarten vorbei und teilt sich den Waldabschnitt mit dem Atemweg (Eskapade 45). Die Wanderung mit Atemübungen zu beginnen ist der perfekte Einstieg, um ruhig und gelassen zu werden. Ein Kneipp-Gang im

---

Hin & weg: Bahnhof Stützerbach: RennsteigShuttle der Süd-Thüringen-Bahn verkehrt samstags, sonntags und an Feiertagen. Endstation ist am Bahnhof Rennsteig, welcher auch auf der Strecke liegt. Parkplatz Am Berghügel, 98694 Stützerbach.

Beste Zeit: Ganzjährig.

Dauer & Strecke: 5–6 Std. für den Rundwanderweg von 13,4 km Länge.

Ausrüstung: Festes Schuhwerk, Rucksack mit Verpflegung, Zeit für die Begegnung mit dem Wald.

Die auffälligen Dr-Wald-Schilder säumen den Wanderweg und rufen zum Innehalten auf.

Wald-Tretbecken bringt ein prickelndes Gefühl in den ganzen Körper. Eine tolle Motivation für den Anstieg durch die artenreiche Berg- und Feuchtwiese bis zum Panoramaweg und Aussichtspunkt Busselbach.

Der anschließende Weg durch das Gläsertal kreuzt den Ilmtal-Radweg und führt dann zurück in den Wald auf den Pfad der Stille. In diesem urigen Waldabschnitt wird die einkehrende Ruhe begleitet vom Plätschern des Baches. Am Gipfel trifft der Doktor-Wald-Weg den Rennsteig, macht aber einen weiten Bogen weiter Richtung Schmiedefeld. Die Bergwiesen am Ziegensumpf bereichern das Landschaftsbild, ein Abstecher zum Rennsteigteich ist eine schöne Abwechslung zu Wald und Wiesen.

Einer der höchstgelegenen Kopfbahnhöfe Deutschlands ist nun nicht mehr weit entfernt. Am Rennsteig gelegen, ist er nicht nur historisch interessant, sondern beherbergt auch ein außerordentlich liebevoll eingerichtetes Waldlokal. Der Bahnhof Rennsteig (www.bahnhofrennsteig.de) ist der perfekte Ort für eine kulinarische Wanderpause.

Von hier aus führt der Doktor-Wald-Weg bergab zurück bis nach Stützerbach. Waldbänke laden zum Blick in die Ferne oder detaillierten Betrachten der Moose und Flechten ein. Die Hinweisschilder geben Anregungen mit auf den Weg, wie der Besuch im Wald die eigene Gesundheit unterstützen kann. Nicht nur durch Entschleunigung. Hier wird auch Stress abgebaut, das Immunsystem gestärkt und der Stoffwechsel in Schwung gebracht. Eine kleine Ganzkörper-Kur.

FAZIT: DER GANG ZUM DOKTOR KANN SO NATÜRLICH HEILSAM SEIN, WENN ER IN DEN WALD FÜHRT.

FLOATING AUF DER HÖRSEL

… von Eisenach nach Hörschel

#31

Eine Stadt vom Wasser aus zu betrachten hat immer eine besondere Magie. In Eisenach kommt man auf der Hörsel in diesen Genuss, wenn man weiß, wie: Mit einem Packraft kann man hier auch im flachen Gewässer durch die Stadt paddeln.

Das Blätterdach vom Fluss aus zu bestaunen, ist ein besonderes Gefühl.

Die Region um Eisenach ist bekannt für Wasserwandern auf der Werra. Mit einer neuen Generation Schlauchbooten, sogenannten Packrafts, wird dies auch auf der Hörsel möglich! Die kleinen Ein-Personen-Schlauchboote ähneln vom Packmaß einem Rucksack und werden an Ort und Stelle aufgeblasen. Sie sind äußerst robust, durch das hohe Luftvolumen sehr kippstabil und für Anfänger:innen geeignet.

Der Eisenacher Matthias Klaß hat das Packrafting auf die Hörsel geholt. Er bietet geführte Touren an und vermietet die Packrafts (www.eisenach-rafting.de). Starten kann man praktisch überall; bei Niedrigwasser ist der Einstieg an der Hörselbrücke in der Bad Langensalzaer Straße gut geeignet.

Sobald man den ersten Fuß in das kleine Boot setzt, machen sich Leichtigkeit und ein Gefühl von Freiheit breit. Alltag aus, Natur an! Sich einfach treiben zu lassen bietet die wertvolle Gelegenheit, die Sinne zu schärfen und die Umgebung mit Genuss zu beobachten. Am

Wehr im Palmental heißt es: Umsetzen bitte! Man sollte die Augen offen halten für die kleine Ausstiegsstelle an der rechten Seite. Es folgt ein kurzer Fußmarsch über eine Wiese. Von hier aus geht es dann ungestört weiter bis nach Hörschel!

Auf dieser Eisenacher Sightseeingtour aus ungewöhnlicher Perspektive ist der Flusslauf mal von Bäumen, mal von Mauern eingefasst. Interessante Punkte sind das AWE-Museum (awe-museum.de) mit der neuen Friedrich-Neumann-Brücke und der Abschnitt nach der

Entlang der Hörsel gibt es Stadt-Natur aber auch interessante Architektur zu sehen.

Werner-Assmann-Halle, in dem Eisvögel brüten. Schon in der Stadt gibt es Bereiche mit Strömungen, und man bekommt etwas Übung und einen Blick für den besten Lauf. Im Zweifel: Po hoch oder aussteigen und schieben, wenn man doch mal feststeckt!

Letzteres passiert häufiger im zweiten Abschnitt der Tour. Sobald sich die Hörsel auf den Weg Richtung Stedtfeld macht, wird der Flusslauf breiter. Am Opel-Werk lohnt sich ein Blick zurück. Die Wartburg thront beeindruckend über der Stadt. Hinter Stedtfeld ändert sich die Landschaft erneut. Das Grün an den Böschungen wird üppiger, Inseln bilden sich im Flusslauf, und oft muss schnell entschieden werden: Links oder rechts abbiegen? Am Ende führen alle Wege zur Werra! Vorher beugen sich die Bäume noch einmal tief über die Hörsel, sodass sich ihre Kronen berühren. Eine Wohltat, sich einfach zurückzulegen und diese Aussicht zu genießen.

Auf dem letzten Abschnitt ist ein kleiner Kraftakt nötig, um an der Kanustation in Hörschel anzukommen. Die Hörsel fließt in die Werra – und das Paddel stemmt sich einige hundert Meter gegen die Strömung in den Flusslauf. Wundervolle Gärten säumen das breite Flussufer, und auf der Wiese der Kanustation ist Zeit zum Durchatmen. Der Ausstieg hier sollte vorher angemeldet werden.

Tipp: Eine geführte Tour mit Bike und Boot ermöglicht das Packrafting auf der Hörsel mit anschließender Radtour vom Ursprung des Rennsteigs zurück nach Eisenach.

Hin & weg: Einstieg unter der Hörselbrücke Langensalzaer Straße: Parkplatz Heinrichstraße 56, 99817 Eisenach. Ausstieg an der Kanustation Hörschel vom Kanu-Club Rennsteig Hörschel e. V. Dort kann ein zweites Fahrzeug geparkt werden. Bitte um kurze telefonische Absprache im Vorfeld: www.kanuclub-hoerschel.de

Beste Zeit: April bis Oktober.

Dauer: 4 Std.

Ausrüstung: Packraft, Sonnenschutz, Hut und Sonnenbrille, ausreichend Flüssigkeit.

FAZIT: IM FLUSSBETT STECKEN ZU BLEIBEN UND AUCH MAL NASS ZU WERDEN, GEHÖRT ZUM PROGRAMM UND VERLEIHT DER PACKRAFTING-TOUR IHREN ERLEBNISCHARAKTER.

1300
304

VOM RENN-STEIG BIS ZUR SAALE

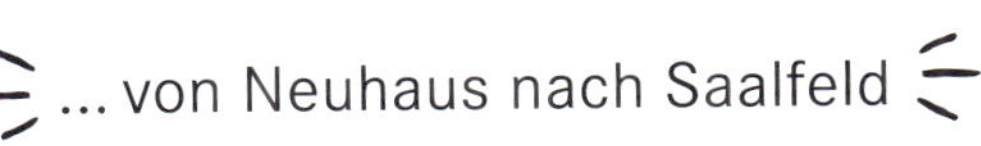

#32

Diese Mountainbiketour führt vom Rennsteig aus durch das wunderschöne Schwarzatal bis nach Saalfeld an die Saale. Im Sattel lässt sich der Thüringer Wald in seinen unterschiedlichen Facetten in vollen Zügen genießen – vor allem, weil diese Tour fast ausschließlich bergab führt.

#MountainbikenimWald #Bikenwoanderewandern #demFlussfolgend

Zu Beginn der Tour führt der Weg durch das westliche Thüringer Schiefergebirge und ist gesäumt von Fichten und Buchen im Wald.

Neuhaus am Rennweg ist einer der am höchsten gelegenen Orte Thüringens. Er befindet sich direkt am Rennsteig. Wer von hier aus bis zur Saale fährt, lernt viele unterschiedliche Facetten des Naturparks kennen. Die Mountainbikestrecke beginnt in Neuhaus am Rennweg direkt am Bahnhof und führt zunächst durch die Stadt, die typisch für die Region mit Schieferhäusern gesäumt ist.

Im Wald verläuft sie mal als schmaler Pfad, mal als breiter Weg zwischen Fichten und Buchen durch das westliche Thüringer Schiefergebirge. Am Fröbelturm in Oberweißbach ist man dann schließlich im Schwarzatal angekommen, dem Thüringer Kräutergarten. Auf herrlichen Bergwiesen wachsen üppige Blumen und Kräuter. Besonderes Highlight dieser Region ist ohne Frage die Thüringer Bergbahn. Während die Wagons der Flachstrecke zwischen Oberweißbach und Lichtenhain verkehren, trifft man in Lichtenhain direkt auf die Bergstation und die beeindru-

---

Hin & weg: Bahnhof in Neuhaus am Rennweg, RB41. Bahnhof in Saalfeld, versch. RB, RE und ICE.

Beste Zeit: Mai bis Oktober.

Dauer & Strecke: Den ganzen Tag, 48 km.

Ausrüstung: Mountainbike, Helm, Verpflegung, Sonnencreme.

Entlang der Schwarza erreicht man immer wieder wunderschöne Ausblicke über das Schwarzatal.

ckende Bergbahn. Eine Fahrt, zum Beispiel im Capriowagon, auf den steilen Gleisen ist ein lohnender Abstecher! Möglichkeiten für einen Imbiss gibt es sowohl an der Berg-, als auch an der Talstation.

Von hier aus geht es, die Bergbahn einmal kreuzend, zurück auf die Waldwege mit einigen wundervollen Ausblicken, bis der Weg steil bergab bis nach Sitzendorf führt. Hier ist man im Tal angekommen und wird von der Schwarza in Empfang genommen! Der Flusslauf gibt den weiteren Wegeverlauf vor: durch das Schwarzatal und durch Schwarzburg, über dem das herrliche Schloss Schwarzburg thront. Bis nach Bad Blankenburg führt diese malerische Strecke entlang des Flusslaufs und lädt zum Träumen ein.

Hinter Bad Blankenburg mündet die Schwarza schließlich in die Saale. Diese führt bis nach Saalfeld hinein, wo die Eskapade am Bahnhof endet.

Insgesamt sind die Wege auf dieser Tour leicht befahrbar, es gibt viele Rastplätze und Schutzhütten. Für Familien eignet sich besonders der Einstieg ab Sitzendorf oder Bad Blankenburg, wenn die Strecke verkürzt werden soll.

FAZIT: WENN SICH RENNSTEIG UND SCHWARZA DIE HAND GEBEN, ENTSTEHT EINE ABWECHSLUNGSREICHE MOUNTAINBIKESTRECKE VOM BERG BIS INS TAL.

WILD UND ROMAN-TISCH

… im Kühlen Tal bei Friedrichroda

#33

Diese Wanderung von Friedrichroda bis zum Rennsteig und wieder hinab fasziniert auf zwei unterschiedliche Weisen. Zu Beginn ist es die Schönheit der Natur, die in ihren Bann zieht und zum Träumen einlädt. Und zuletzt ein längst verlassener, von Menschen erschaffener Ort, der nicht minder faszinierend ist.

#urigerMärchenwald #BobbahnzuFuß #MoosMoosMoos

Der Einstieg in diese Rundwanderung Im Grund in Friedrichroda führt zunächst ein Stück an der Straße entlang. Von diesem kurzen Abschnitt sollte man sich nicht abschrecken

lassen – die Entschädigung folgt schon wenig später im urigen Wald. An der Pfadfinderranch Grünes Tal vorbei, einem schmalen Pfad folgend, findet man sich plötzlich in einem dichten Waldabschnitt wieder. Das Schilfwasser bahnt sich hier seinen Weg durch die Bäume, Felsen und die malerische Klamm. Sogar ein kleiner Wasserfall entsteht entlang des Weges. Jeder Fußtritt wird begleitet vom lieblichen Rauschen und Glucksen des Baches. Zwischen dem plätschernden Nass sorgen bemooste Steine und umgestürzte Bäume für kleine Strudel und besonders schöne Fotomotive.

Wer kurz innehält und die Augen schließt, spürt eine weitere Besonderheit dieser Region im Thüringer Wald. Aufgrund der Höhenlage und des besonderen Klimas, ist Friedrichroda als heilklimatischer Kurort ausgezeichnet. Die gesunde Umgebung ist mit jeder Faser des Körpers zu spüren.

Sobald sich der Naturpark-Weg vom Schilfwasser entfernt, wandelt sich der Waldboden zum fluffig weichen Moosuntergrund. Was für die Augen schon ein bezaubernder Anblick ist, fühlt sich unter den Füßen und zwischen den Händen einfach fantastisch an. Hier könnte man ewig verweilen und träumen! Wer sich losreißen kann, kommt kurze Zeit später schon auf dem Höhenweg Rennsteig am Berggasthof Heuberghaus an (www.heuberghaus.de). Der höchste Punkt der Wande-

---

Hin & weg: Bushaltestelle Friedrichroda, Im Grund, Linie 856. Parkplatz an derselben Stelle.

Beste Zeit: Ganzjährig.

Dauer & Strecke: 4–5 Stunden inkl. Pausen für den Rundwanderweg von 7,4 km einplanen.

Ausrüstung: Festes Schuhwerk, Snacks, Kamera oder Smartphone.

Das Kühle Tal macht seinem Namen alle Ehre und sieht an vielen Stellen bezaubernd aus.

rung ist somit erreicht, und es wird deutlich windiger. Der Weg führt auf dem Rennsteig entlang bis zum Berggasthof Spießberghaus (www.spiessberg.de). Beides sind tolle Möglichkeiten für eine Rast oder eine Einkehr. Die Öffnungszeiten sollten bei der Planung der Wanderung berücksichtigt werden.

Direkt am Spießberghaus schließt der zweite Höhepunkt der Wanderung an. Immer bergab schlängelt sich ein besonderer Weg. Er führt durch Deutschlands älteste Bob- und Rennschlittenbahn! Im unteren Abschnitt der Bahn werden sogar heute noch Rennen ausgetragen. Der obere Teil, durch den der Weg nun führt, ist verlassen – die hochgemauerten Steine sind vermoost und mit Farnen und Pilzen bewachsen. Es ist ein außergewöhnliches Gefühl, durch die steilen Kurven zu laufen und sich vorzustellen, wie hier einst Bobschlitten hindurchfuhren.

Im Tal in Friedrichroda angekommen, ist eine Einkehr im Restaurant und Café Waldschlösschen (www.cafewaldschloesschen.de) Geheimtipp und unverzichtbarer Abschluss der Tour in einem. Das phänomenale Kuchenbuffet bringt Gäste aus nah und fern zum Schlemmen und bleibt wahrscheinlich ebenso lang in Erinnerung wie das wildromantische Kühle Tal und die Lost-Place-Bobbahn.

FAZIT: EGAL ZU WELCHER JAHRESZEIT, DIESE WANDERTOUR FASZINIERT STETS MIT IHRER NATÜRLICHEN UND KÜNSTLICH GESCHAFFENEN SCHÖNHEIT.

DEM FUCHS AUF DER SPUR ...

... auf dem Fuchspfad im Steigerwald

#34

Der Steigerwald ist ein beliebter Ausflugsort zum Spazierengehen, Joggen, Kräuter- oder Pilzesammeln. Seit 2022 gibt es zudem einen Rundwanderweg, der Familien einlädt, gemeinsam den Steiger mit seinen Naturschätzen und der Fuchsfarm zu entdecken.

#NaturErlebnisGarten #SpielplatzimWald #derNaturaufderSpur

Am Aussichtspunkt Domblick erwartet den Wanderer ungewöhnliche Wald-Deko.

Wer mit Kindern wandern möchte, sucht meist eine Strecke, auf der es schöne Spiel- und Rastmöglichkeiten gibt. Der Fuchspfad im Erfurter Steigerwald bietet beides! Ein guter Ausgangspunkt für diese Eskapade ist das Waldhaus (waldhaus-erfurt.de). Hier befindet sich eine Bushaltestelle, und auch Parkplätze sind ausreichend vorhanden.

Nach einigen Hundert Metern läuft man direkt auf die Wiese am Wachsenburgblick und die Fuchsfarm zu (fuchsfarm-erfurt.de). Dieser NaturErlebnisGarten ist ein besonderer Ort im Steigerwald. Hier sind Groß und Klein eingeladen, die Pflanzen- und Tierwelt des Waldes besser kennenzulernen und mehr über deren Schutz zu erfahren. Regelmäßig locken Projekte und Aktionen Familien und Schulklassen auf die Farm. Je nachdem, zu welcher Zeit man die Wanderung antritt, kann ein Besuch direkt zu Beginn oder ganz am Ende des Weges eingeplant werden (Öffnungszeiten beachten).

Auf dem Fuchspfad gibt es vielfältige Möglichkeiten in der Natur zu spielen und kreativ zu werden.

Der Fuchspfad, der 2022 entstanden ist, führt von hier aus auf schmaleren Pfaden bergab bis zum Domblick – ein herrlicher Aussichtspunkt, bei dem die Aussicht gar nicht so im Vordergrund steht. Denn um über die Baumwipfel zu blicken, muss man sich sehr recken und auf die Zehenspitzen stellen. Dafür lädt die schöne Gestaltung des Platzes mit Holz-

Hin & weg: Bushaltestelle Erfurt, Rodaer Chaussee oder Erfurt, Waldhaus, jeweils Linie 60. Parkplatz am Waldhaus, Rodaer Chaussee 12, 99094 Erfurt

Beste Zeit: März bis Oktober.

Dauer & Strecke: 4–5 Std. inkl. Pausen und Spielplatzbesuch. Die Rundtour ist 6 km lang.

Ausrüstung: Snacks und Getränke, Beutel um die Schätze des Waldes sammeln zu können, ggf. Kraxe für müde Kinderbeine.

büchern und einem großen Tisch zu einem gemütlichen Picknick ein. Und mit etwas Glück findet man vielleicht auch das versteckte Gipfelbuch, in das man sich eintragen kann.

Familienfreundlich verläuft die Strecke weiter hauptsächlich auf breiten Wegen geradeaus, immer durch den schattigen Wald hindurch. Unterwegs lassen sich viele Schätze finden und bestaunen. Staunen werden die Kinderaugen auch nicht schlecht, wenn sie den Waldspielplatz erreichen! Auf dem großen Freigelände haben die Eltern von der Schutzhütte aus alles gut im Blick oder sie toben sich einfach gleich mit aus – neben den liebevoll hergerichteten Spielgeräten gibt es viele Bäume und Unterschlüpfe, um Höhlen zu bauen und seiner Fantasie freien Lauf zu lassen. Auf jeden Fall sollte genug Zeit eingeplant werden!

Nach dem gemütlichen ersten Wanderabschnitt bergab führt der letzte Abschnitt dann natürlich bergauf.Auch an warmen Sommertagen ist der Weg durch den Wald jedoch schattig und kühl. Eine gute Motivation ist sicherlich der Quellteich, an dem man je nach Jahreszeit auch Kaulquappen und Frösche beobachten kann. Und natürlich die Fuchsfarm oder das Waldhaus als Ziel. Letzteres wartet mit leckerer Pizza oder einem Eis für hungrige Mäuler auf.

FAZIT: FÜR EINEN SPAZIERGANG MIT DER GANZEN FAMILIE EIGNET SICH DER FUCHSPFAD IM ERFURTER STEIGERWALD PERFEKT – AUCH AN WARMEN SOMMERTAGEN!

WEITES LAND UND WILDE WEIDEN

#35

Thüringeti – das ist kein Schreibfehler, sondern beschreibt die Thüringer Serengeti. Nach dem Vorbild der Serengeti wird das circa 2500 Hektar große Weideland von Weide- und Nutztieren bewirtschaftet. Auf diese Art und Weise werden Naturschutz und nachhaltige Landwirtschaft miteinander verbunden.

#wildePferde #Rinderherden #WeidenWanderung

Diese Eskapade ist eine besondere Weiden-Wanderung durch die Thüringeti. Sie beginnt am idyllischen Aueteich, an dem es mehrere Rastplätze gibt und ein Angelverein ansässig ist. Zunächst führt der Weg durch ein bewaldetes Gebiet, in dem immer wieder Wiesen und Weiden zwischen den Hohen Bäumen auftauchen. Häufig sind es Pferde wie Koniks und Warmblutpferde, die hier gemütlich grasen. Manchmal hört man auch schon von Weitem das Muhen der Rinder, die in ihrer Herde nah beisammenstehen. Es sind verschiedene Rassen, etwa Galloways, Scottish Highlands oder Deutsch Angus zu sehen.

Der Wanderweg Wilde Weiden ist ein Naturlehrpfad, der die heimische Natur- und Tierwelt auf Schautafeln erklärt. Sobald man auf den Sandweg abbiegt, bietet sich die Gelegenheit zu einem Abstecher zum Baggerloch. Eine absolute Empfehlung! Was so klein und unscheinbar klingt, ist ein fotogener Teich inmitten der Bäume mit einer niedlichen Bank – perfekt für die erste kleine Rast. Kinder nutzen dort scheinbar regelmäßig die Gelegenheit, mit den

Der Weg an der Weidelandschaft führt auf einem kurzen Abschnitt auch durch den Wald und zu einem wunderschönen Teich – ein ehemaliges Baggerloch.

vielen Ästen und Zapfen zu spielen, die den Boden bedecken, um kreative Buden zu bauen.

Kurz darauf führt der Weg aus dem Wald heraus in die offenen Weiden und Wiesen, am Ort Wölfis entlang. Die Tiere beweiden die Flächen auf dem circa 2500 Hektar großen Gebiet der Thüringeti das ganze Jahr über. Auf ausgewiesenen und gesicherten Durchgängen kann man sie genauer beobachten. Neben Rindern und Pferden bewirtschaften Schaf- und Ziegenherden sowie einige Lamas und Esel die Landschaft, durch die man nun Richtung Crawinkel läuft.

Auf dieser offenen Fläche ist es meist windig. Der weite Blick über die Wiesen und Weiden entschädigt aber für die kühle Brise und lässt ein bisschen das Gefühl von Wildem Westen aufkommen. In Crawinkel ist es dann nur noch ein kleiner Abschnitt zurück zum Ausgangspunkt am Aueteich. Vielleicht reitet ja auch ein echter Thüringer Cowboy vorbei, um nach den Tieren zu schauen?

FAZIT: UM EINEN HAUCH SERENGETI ZU SPÜREN, MUSS MAN NICHT WEIT REISEN. EIN AUSFLUG NACH CRAWINKEL KANN DIE SEHNSUCHT SCHON STILLEN.

Hin & weg: Parkplatz am Aueteich, zwischen Crawinkel und Wölfis.

Beste Zeit: Ganzjährig.

Dauer & Strecke: 4 Std. für 8,4 km.

Ausrüstung: Smartphone oder Kamera für Tierfotos, Verpflegung, dünne Jacke – in der offenen Landschaft ist es recht windig.

HEILSTOLLEN MIT FEENZAUBER

... in den Saalfelder Feengrotten

Dort, wo früher schwarzer Alaunschiefer unter Tage abgebaut wurde, ist eine zauberhafte Welt entstanden. Die Saalfelder Feengrotten schaffen es, Menschen jeden Alters mit ihrer Geschichte der Grotten, dem heilsamen Stollen und dem verzauberten Weltchen zu begeistern.

#Glückauf #heilsameStollenluft #Feenstaub

Kaum zu glauben, dass unter Tage ein so gesundes Klima mit völlig reiner Luft herrscht.

Ein Besuch in den Saalfelder Feengrotten (www.feengrotten.de) klingt zunächst nach einem Ausflugstipp für Familien mit Kindern. Ist es auch, aber längst nicht alles! Denn das Besucherbergwerk in Saalfeld wartet mit den »farbenreichsten Schaugrotten der Welt« auf und bietet mit den Führungen unter Tage ein Erlebnis, das Menschen in jedem Alter in ihren Bann zieht. Mit dem Bergmannslied geht es in den Berg hinein, und wenn das Licht über dem See der Feengrotte angeht, funkeln die Tropfsteine und die bunten Wände.

Eine besondere Möglichkeit, etwas für die eigene Gesundheit zu tun, gibt es obendrein. Seit 1995 wird ein Teilbereich als Heilstollen genutzt, um Liegekuren von ein oder zwei Stunden Dauer durchzuführen. Die Luft im Heilstol-

len ist nahezu staubfrei, ganz ohne Keime, Allergene und Ozon, und somit bestens geeignet zur Linderung von Allergien, Atemwegs- und Lufterkrankungen. Die hohe Luftfeuchtigkeit und die gleichbleibende Temperatur wirken außerdem beruhigend auf den Körper. Der Besuch im Heilstollen ist ein entschleunigendes Erlebnis, das durchatmen lässt und bei einer Tasse heißem Tee mit Sicherheit lange in Erinnerung bleibt!

Wer sich nach so vielen Eindrücken tief unter der Erde auch in luftigeren Höhen verzaubern lassen möchte, ist bei den freundlichen und fröhlichen Feen im Feenweltchen bestens aufgehoben! Das verwunschene Wäldchen wird durch einen geheimnisvollen Gang betreten, und schon bald trifft man auf die märchenhaften Wesen, die ihre Besucher:innen gern mit Feenstaub verzaubern. Doch aufgepasst! Auch Gnome, Trolle und Drachen sind in diesem Reich anzutreffen. Vor allem aber stehen das kindliche Spiel und der Spaß für die ganze Familie im Vordergrund. So viel gibt es hier im Wald und auf der Wiese zu entdecken! Eine riesige Murmelbahn, eine kleine Hütte voller Kaleidoskope, echte Bienenstöcke, hohe Klettertürme. Dazu viele kleine Details und liebevolle Geschichten. Zuletzt werden Abenteuer-

---

Hin & weg: Bushaltestelle Saalfeld, Feengrotten, Kombus Linie A. Parkplatz an den Feengrotten, Feengrottenweg 2, 07318 Saalfeld.

Beste Zeit: Mai bis Oktober.

Dauer: Den ganzen Tag einplanen.

Ausrüstung: Fantasie fürs Feenweltchen, eine Jacke, ggf. sogar einen Schlafsack für den Heilstollen.

In den Saalfelder Feengrotten sorgen das Besucherbergwerk mit Heilstollen, Feenweltchen und Erlebnismuseum Grottoneum für tolle Erinnerungen.

lustige über eine große Rutsche zurück in die Welt der Menschen geschickt.

Wer besonders neugierig ist und mehr über den Bergbau der Region, Tropfsteine und Minerale lernen möchte, kann das Erlebnismuseum Grottoneum besuchen, in dem es jede Menge zum Anfassen und Ausprobieren gibt. Im Außenbereich laden weitere Mitmach-Stationen zur spielerischen Wissensvermittlung ein. Dazu besteht für alle die Möglichkeit, sich mit Getränken und Snacks zu stärken. Ein perfekter Abenteuerausflug für die ganze Familie!

Tipp: Im Heilstollen gibt es eine extra Kinderstunde für Familien, in der sich die Kleinen gern auch etwas bewegen dürfen.

FAZIT: SICH VERZAUBERN ZU LASSEN, GELINGT NIRGENDS BESSER ALS IN SAALFELD!

IN DIE FERNE SCHWEIFEN

… auf dem Alexanderturm bei Ruhla

Die Herbststimmung im Thüringer Wald ist einfach magisch. Wie wäre es, das bunt gefärbte Laub nicht nur mitten im Wald, sondern auch aus anderer Perspektive zu bestaunen? Bei dieser Wanderung zum Alexanderturm ist ein bisschen Mut gefragt, um bis ganz nach oben zu steigen. Aber der Ausblick ist umso schöner!

#StufeumStufe #demWaldaufsDachschauen #SommerrodelnimHerbst

Herbst im Thüringer Wald – es duftet schon bei dem Gedanken daran herrlich nach Laub, Waldboden und klarer Luft. Vor allem an einem sonnigen Herbsttag ist dieser Ausflug eine Empfehlung.

Startpunkt ist das Waldgasthaus Hubertushaus am Rennsteig (www.hubertushaus-ruhla.de). Dies bietet gleich zwei Vorteile: Einen Teil des Weges beschreitet man auf dem sagenumwobenen Rennsteig. Und die erste Teilstrecke lässt sich gemütlich und verträumt zurücklegen. Es geht fast nur geradeaus. Perfekt, um den Wald in seinen bunten Facetten vom Wanderweg aus zu bestaunen und ein paar der bunten Blätter einzusammeln.

Kurz nach der ersten Rastmöglichkeit hört man leise Wasser plätschern. Diese Stelle sollte man sich merken! Hier entspringt eine Trinkwasserquelle mitten aus dem Thüringer Wald.

Weiter geht es auf breit geschotterten Wegen, vorbei an Wiesen und Lichtungen, wie zum Beispiel der Heubachwiese. Bis der Weg sich schließlich verengt und steil nach oben ansteigt. Das Ziel, der Alexanderturm, ist auf der gesamten Strecke immer wieder ausgeschil-

dert. Ein kurzer Blick, den der Wald durch die Bäume hindurch gewährt, zeigt schon – das muss eine tolle Aussicht geben!

Dann ragt er endlich aus dem Ringberg empor: der Carl-Alexander-Turm. 111 Stufen führen auf den 21 Meter hohen Stahlturm hinauf. Schwindelfrei sollte man sein, um den herrlichen Ausblick auch bei etwas schwankendem Untergrund genießen zu können. Die Stadt Ruhla, die Wartburg und natürlich der herbstliche Thüringer Wald sind von hier aus zu sehen. Man hat das Gefühl, einmal über ganz Thüringen blicken zu können.

Das Wald-Gefühl verstärkt sich dann noch einmal beim Abstieg. Auf dem weiteren Verlauf der Wanderung geht es steil bergab. Der Weg verengt sich zu einem schmalen Pfad, das Licht dringt plötzlich nur noch vereinzelt durch das dichte Geäst. Am Emmytempel gibt der Wald den Blick auf Ruhla frei. Früher Tempel, heute Holzhütte, lädt dieser Platz zu einer gemütlichen Rast ein.

Ganz am Fuße des Ringbergs angekommen, weckt die schnellste und steilste Sommerrodelbahn Deutschlands die Lust auf eine rasante Fahrt. Hier rufen sogar die Erwachsenen: »Nochmal!« Ein perfekter Adrenalin-

---

Hin & weg: Parkplatz am Waldgasthaus Hubertushaus, Ascherbrück 1, 99842 Ruhla.

Beste Zeit: Mai bis Oktober.

Dauer & Strecke: 4–5 Std. für 7 km.

Ausrüstung: Verpflegung, eine Trinkflasche für das kühle Quellwasser, Zeit für eine Fahrt mit der Sommerrodelbahn und für das mini-a-thür.

Der Carl-Alexander-Turm ist ein bizarres Fotomotiv mitten im Thüringer Wald.

kick, um anschließend den Aufstieg zurück zum Rennsteig zu bewältigen. Wer mehr Zeit hat, schlendert vorher noch gemütlich durch das mini-a-thür (www.mini-a-thuer.de), eine Ausstellungsfläche, die Thüringer Sehenswürdigkeiten in Miniaturform zeigt. So kann man (fast) alle kulturellen Highlights des Freistaates an einem Nachmittag besichtigen.

Der Aufstieg, der wieder bis zum Niveau des Rennsteigs nach oben führt, fordert die müden Beine. Belohnt aber auch mit gluckernden Waldbächen und der Aussicht auf eine herrliche Erfrischung. Denn auf dem Rückweg können die Wasserflaschen an der kalten Wasserquelle aus dem Thüringer Wald aufgefüllt werden.

FAZIT: EINE WANDERUNG MIT GRANDIOSER AUSSICHT, ABER NICHT ÜBERLAUFEN. ZUSÄTZLICH RASANT WIRD ES MIT DEUTSCHLANDS STEILSTER SOMMERRODELBAHN!

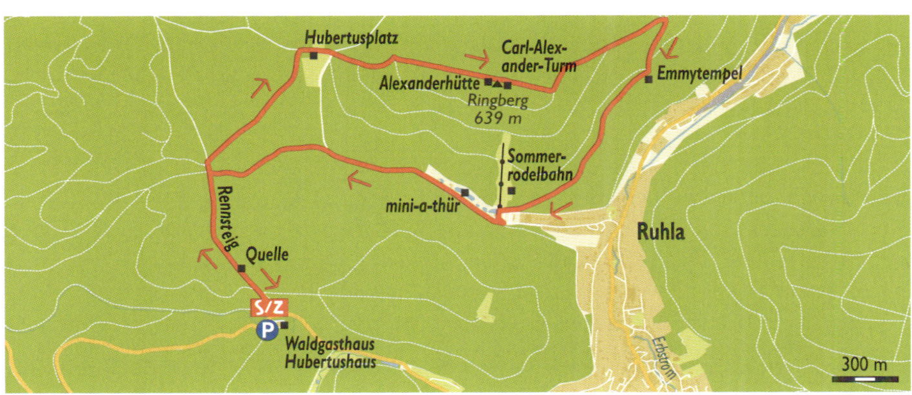

DEM HERBST-ZAUBER BEGEGNEN

Immer wenn es Herbst wird, spielt sich im Jenaer Mühltal ein wahrhaftiges Naturspektakel ab. Die Perückensträucher, die hier am Hang wachsen, färben sich in kräftigen Rot- und Orangetönen. Der ganze Berg fängt förmlich an zu leuchten! Die perfekte Gelegenheit für eine Wanderung um Jena.

#rotorangegelb #WandernmitAussicht #HighlightsrundumJena

Durch die Perückensträucher steht der Hang im Herbst farblich in Flammen.

Diese Eskapade verbindet einen kleinen Stadtrundgang durch die Universitätsstadt Jena mit einem Ausflug in die umliegende Natur, die um diese Jahreszeit einfach nur beeindruckend ist! Daher liegt der Startpunkt auch direkt in der Innenstadt am Markt, wo sich ebenso die Tourist-Information befindet.

Auf dem Weg zum Restaurant Landgrafen (www.landgrafen.com) passiert man die Stadtkirche und den Pulverturm und läuft am Johannisfriedhof entlang, bis man den Treppenaufstieg unterhalb des Restaurant Landgraf bezwingt. Als Entschädigung bietet sich hier bereits der erste tolle Ausblick über die Stadt, und einige Bänke stehen zum Verschnaufen bereit.

Über einen Abschnitt der SaaleHorizontale führt der Weg weiter, vorbei am Blinkerdenkmal und über den Windknollen – ein Naturschutzgebiet, das mit seinem weiten Blick ein herrliches Fotomotiv bietet. Im Herbst werden die kargen Wiesen gern zum Drachensteigen genutzt. Dieser Panoramablick ist noch inten-

---

Hin & weg: Straßenbahn-Haltestelle Jena, Universität, Linien 1 und 4. Straßenbahn-Haltestelle Jena, Stadtzentrum Löbdergraben, Linien 1, 2 und 4.

Beste Zeit: Oktober.

Dauer & Strecke: 4 Std. für 9,3 km.

Ausrüstung: Mütze und Schal für windige Tage, Kamera oder Smartphone für fantastische Herbstbilder.

Der Ausblick über das Naturschutzgebiet Windknollen ist zu jeder Jahreszeit wunderschön.

siver am Napoleonstein, dem höchsten Punkt der Tour. Der Ausblick über Jena und das Saaletal ist einfach fantastisch!

Kurz darauf folgt das absolute Highlight dieser Tour. An Jenas Sonnenbergen führen schmale Pfade entlang, weiter zur Papiermühle (www.jenaer-bier.de), über der die Perückensträucher förmlich zu leuchten beginnen. Im Herbst färben sich ihre Blätter feurig rot und orangegelb. Der steile Hang, an dem sie wachsen, sieht von oben aus, als hätte ein Kind die Farben mit einem Schwamm aufgetupft. Ein wahrliches Spektakel!

In der Papiermühle bietet sich eine Pause mit kleiner Stärkung an! Der Rückweg zum Markt und Zentrum von Jena erfolgt entlang der Leura durch das Westviertel der Stadt. Ein schönes Kleinod ist dabei der Lommerweg. Kulturelle Denkmäler kurz vor dem Ziel sind der Anatomieturm, der etwas versteckte Kollegienhof und das Rathaus.

Tipp: Die 91 Kilometer lange SaaleHorizontale (www.natura-jenensis.de/saalehorizontale), wurde 2023 zu Deutschlands schönstem Wanderweg gekürt. Wer es liebt, auf anspruchsvollen Strecken und mit herrlichen Ausblicken zu wandern, sollte Jena unbedingt ein zweites Mal besuchen.

FAZIT: DER OKTOBER MACHT AUS DEM MÜHLTAL BEI JENA EIN FLAMMENDES INFERNO, BEI DEM ALLERDINGS NUR DIE FINGERKUPPEN VOM INTENSIVEN FOTOGRAFIEREN BRENNEN.

ENTDECKE
DIE GEHEIMNISSE
DES HAINICH

WALD PROMENADE

BAUMKRONEN IM SCHNEE

Der Baumkronenpfad im UNESCO-Welterbe Nationalpark Hainich ist ein beliebtes Ausflugsziel im Sommer und Herbst. Ohne Laub an den Bäumen, im verschneiten Urwald, bietet der auch im Winter geöffnete Pfad ein völlig anderes, aber dennoch bezauberndes Bild.

#LaubwaldohneLaub #Winterwanderung #Waldpromenade

Auch im Schnee ist der Baumkronenpfad im Nationalpark Hainich ein faszinierendes Erlebnis.

Es ist fast schon ein bisschen gespenstisch, den Nationalpark Hainich (www.nationalpark-hainich.de) zu betreten, wenn eine dicke Schneedecke den Boden bedeckt. Die meisten Geräusche werden von der weißen Winterpracht verschluckt. Es sind nur wenige Gäste unterwegs. Dennoch hat der Baumkronenpfad am Nationalparkzentrum Thiemsburg geöffnet (www.baumkronen-pfad.de). Auf einem der schönsten Wipfelwege Deutschlands kann man dem UNESCO-Weltnaturerbe auch im Winter aufs Dach schauen. Oder besser bis auf den Boden – das Laub des Buchenwaldes ist längst von den Ästen gefallen. Etwas Vorsicht ist geboten, wenn man bei Schnee und Eis die Aussicht genießen möchte. Die Wege und Stufen dürfen nicht gestreut werden.

Nach dem Blick in die Weite darf es gern auch der Blick fürs Detail sein. Zwischen Baumkronenpfad und Thiemsburg liegt auf halber Strecke der Eingang zum Rundwanderweg Waldpromenade. Der barrierefreie Weg lässt sich auch mit Schnee bedeckt wunderbar laufen und lädt auf zahlreichen Waldbade-Stationen dazu ein, die Umgebung mit allen Sinnen zu entdecken. Bei dieser Stille im Schnee ist es ein besonderes und mystisches Erlebnis

Auf dem Weg zum Baumkronenpfad befindet sich eine Rätsel-Station zu Baumarten. An den Stationen der Waldpromenade hingegen, geht es ums Waldbaden.

zugleich. Mit dem Flanieren auf der Strecke öffnet sich ein Raum der Ruhe, Geborgenheit und eisiger Schönheit. Alles sieht trist und kahl aus und zugleich einzigartig und wunderschön. Mit der passenden Kleidung bieten sich auch die verschneite Waldbar oder eine der weiteren zehn Themeninseln zum kurzen Verweilen an.

Hin & weg: Hainichbus Linie 150, Haltestelle Thiemsburg/ Baumkronenpfad. Parkplatz Baumkronenpfad, 99947 Schönstedt.

Beste Zeit: Im Winter am Wochenende.

Dauer & Strecke: Den ganzen Tag inkl. Wanderung und Nationalparkzentrum. Rundwanderweg Waldpromenade 1,2 km.

Ausrüstung: Winterkleidung inkl. Mütze, Schal und Handschuhe, Zwiebellook für das Nationalparkzentrum und die Wurzelhöhle.

Um sich nach dem Winterausflug aufzuwärmen und den Hainich noch besser kennenzulernen, lohnt sich ein Besuch des Nationalparkzentrums Thiemsburg mit der Wurzelhöhle. Beides sind moderne Ausstellungsbereiche zum Anfassen und Mitmachen, die nicht nur Kinderherzen höherschlagen lassen. Ausreichend Zeit zum Entdecken sollte für neugierige Waldforscher:innen eingeplant werden. Ein Imbiss ist auch im Winter im Forsthaus Thiemsburg möglich, die Öffnungszeiten sollten vor dem Ausflug überprüft werden. Dann steht dem magischen Winterspaziergang nichts mehr im Wege!

FAZIT: DIE MAGISCHE STILLE DES WALDES IM WINTER KANN HIER UNMITTELBAR IN DEN BAUMKRONEN GENOSSEN WERDEN.

ZU SKI AUF DEM RENNSTEIG

… von Masserberg bis Neuhaus am Rennweg

#40

Der Rennsteig ist einer der bekanntesten Höhenwanderwege Deutschlands. Ihn einmal komplett gewandert zu sein ist ein besonderes Erlebnis. Im Winter wird der Rennsteig auch als Skiwanderweg komplett erschlossen und kann im weißen Gewand bewundert und befahren werden.

#SkiWanderweg #WinterWunderwald #Skilanglauf #SportimWinter

Es gibt nur wenige Tage im Jahr, an dem der Rennsteig-Skiwanderweg komplett gespurt und befahrbar ist. Mit einer Länge von 142 Kilometern zwischen Ascherbrück bei Ruhla und Brennersgrün bei Lehesten ist er der längste durchgängig beschilderte und zertifizierte Fernskiwanderweg Mitteleuropas. Je nach persönlicher Fitness können die Abschnitte auf dem Weg in unterschiedliche Etappen eingeteilt werden.

Eine der gemütlicheren Etappen erstreckt sich von Masserberg bis nach Neuhaus am Rennweg. Beide Orte liegen an den höchsten

Der verschneite Rennsteig ist eine bezaubernde Kulisse beim Ski-Langlauf.

Punkten des Thüringer Waldes und sind somit in den Wintermonaten recht schneesicher. Sobald die ersten Schneeflocken in Masserberg gefallen sind, füllt sich der Wanderparkplatz am Ortseingang mit Wintersportfans. Viele kommen, um direkt in Masserberg einige Runden in den Loipengärten zu drehen oder mit dem Schlitten zu rodeln.

Hier führt aber auch unmittelbar der Rennsteig entlang, und man kann auf Langlaufskiern den direkten Einstieg finden. Steht man in der gespurten Loipe, schlängelt sich der Weg durch den verschneiten Winterwald an der Rennsteigwarte vorbei über Friedrichshöhe bis nach Neuhaus am Rennweg. Dabei gilt es, ein paar Höhenunterschiede zu bewältigen. Der zauberhafte Ausblick auf die verschneiten Bäume und Wiesen und die klare kalte Luft machen diese Art der Rennsteigwanderung jedoch zu einem besonderen Erlebnis!

Kurz vor Neuhaus macht der Rennsteig einen Bogen um die Talsperre Scheibe-Alsbach, bevor sich der dichte Wald lichtet und die ersten mit Schiefer verzierten Häuser zum Vorschein kommen. Bis zum Bahnhof im Zentrum der Stadt sind es dann nur noch wenige Meter.

Tipp: Der gesamte Skiwanderweg ist in 19 Spurabschnitte untereilt. Welche gerade präpariert sind, erfährt man tagesaktuell auf der Website des Regionalverbunds Thüringer Wald (www.thueringer-wald.com/rennsteig-skiwanderweg) oder in der SchneeApp Thüringer Wald.

Hin & weg: Bushaltestelle Masserberg, Linien 203, 206, 207, 209, 508; Parkplatz Rennsteig Masserberg, Rennsteigstraße 1A, 98666 Masserberg; Bahnhof Neuhaus am Rennweg, RB 41; Bushaltestelle Neuhaus am Rennweg, Zentralhaltestelle, Linie 508; Parkplatz am Bahnhof, 98724 Neuhaus am Rennweg.

Beste Zeit: Dezember bis Februar.

Dauer & Strecke: Den ganzen Tag, 23 km.

Ausrüstung: Langlaufski, Wintersportkleidung, heißes Getränk.

FAZIT: DER RENNSTEIG IST AUCH IM WINTER EIN ECHTES ERLEBNIS FÜR WINTERSPORTFANS!

Tränketrogs-Delle/Abstieg
618m NN
Überleitungsstollen
Ohra-Talsperre 10.5km
Oberhof 18.5
Oberhof 18.0km
Staudamm 0.7km
Schmalwassertalsperre
Staudamm 0,8 km
Falkenstein 4,9 km
Röllchen 4,1 km
Tambach-Dietharz
Wandertreff 2.9km

ZAUBER-HAFTER WINTER-WALD

… an der Talsperre Schmalwasser

#41

Der Blick auf die verschneite Schmalwasser-Talsperre ist einmalig schön. Sie ist umgeben von einem dichten Wald, der auch mit einer dicken Schneedecke auf diesem Winterwanderweg einfach zu begehen ist. Zwei beeindruckende Naturschauplätze warten am Ende der Eskapade auf neugierige Winterfans.

#Eiszauber #schneebedeckt #Wintermärchen

Wenn der Winter Einzug gehalten hat und eine Schneedecke auf dem Thüringer Wald liegt, ist diese Winterwanderung entlang der Schmalwasser-Talsperre zauberhaft schön! Bereits zu Beginn kann man mit einem kleinen Abstecher zur Staumauer einen neugierigen Blick auf die Talsperre werfen, die in ihrem frostigen Kleid ein wunderbares Fotomotiv bietet. Noch beeindruckender ist der Blick nach dem ersten Anstieg auf dem Rastplatz Stummelberg, der sich etwa 900 Meter nach der Schrankanlage rechts an der Straße befindet. Eine Schutzhütte mit rustikalen Bänken und Wegweiser rahmen den Blick auf die Talsperre ein.

Der gesamte Weg auf dieser Eskapade ist breit und geräumt, sodass es sich leicht laufen lässt. Auch Skifahrer:innen nutzen diese

Der Rastplatz Stummelberg bietet einen wunderschönen Blick auf die verschneite Talsperre.

schöne Strecke. Die Talsperre selbst ist nur an wenigen Stellen sichtbar, etwa am Meister-Eckardt-Blick. Der verschneite Wald ist dafür aber umso märchenhafter und lädt immer wieder zum Stehenbleiben und Staunen ein! Am Zulauf der Schmalwasser-Talsperre bietet sich die Gelegenheit für eine längere Rast in einer Schutzhütte. Hier befindet sich auch ein Zugang zum sogenannten Röllchen, der allerdings nicht geräumt und gesichert ist und bei Schnee mit äußerster Vorsicht betreten werden sollte. Auf der weiteren Strecke führt ein Abzweig auf einem breiteren Weg ebenfalls zu der kleinen Klamm. Hier bilden sich beeindruckende Eiszapfen an den Felsen, die über dem Bach emporragen. Ein tolles Naturschauspiel!

Ebenso beeindruckend ist der Falkenstein, der bedeutendste freistehende Kletterfelsen in Thüringen, der am Ende der Wanderstrecke zwischen den Bäumen emporragt und in den warmen Monaten jede Menge Kletterfans anzieht. Im Winter sieht es so aus, als hätte man ihn gezuckert, um den Anblick des prächtigen Felsens noch zu versüßen. Hat man ihn gut im Blick, ist es an der Zeit, kehrtzumachen und denselben Weg zurück bis zur Staumauer der Schmalwasser-Talsperre durch den Puderzuckerschnee zu laufen. Eine herrliche Winterwanderung!

Hin & weg: Bushaltestelle Tambach-Dietharz, Bahnhofstraße. Ab hier ca. 15 Min. Fußweg über Oberhofer Straße und Eisbrunnen Quelle. Parkplatz Oberhofer Straße an der Eisbrunnen Quelle, 99897 Tambach-Dietharz.

Beste Zeit: Dezember bis Februar.

Dauer & Strecke: Den ganzen Tag. Hin- und Rückweg 11,4 km.

Ausrüstung: Winterkleidung, festes Schuhwerk, Verpflegung, warmer Tee.

FAZIT: EIS UND SCHNEE SORGEN FÜR BEZAUBERNDE MOMENTE AUF DIESER WINTERWANDERUNG.

3. KAPITEL MINIURLAUB

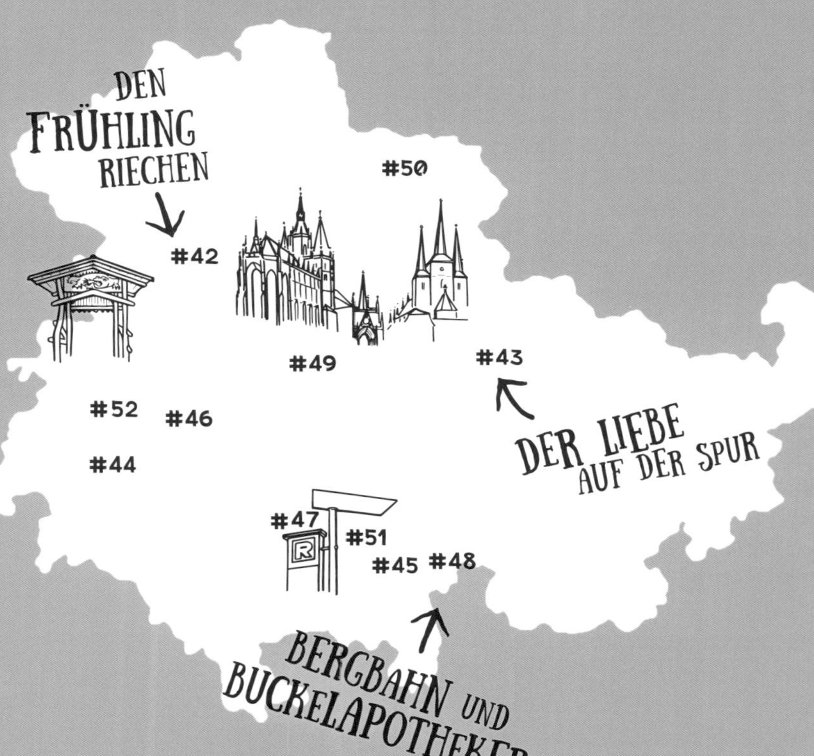

Ferien für ein Wochenende

Nicht nur kurz mal raus, sondern mittenrein in die Natur! Das gelingt auf dem Fahrrad, aber auch zu Fuß und sorgt für pure Entschleunigung zu jeder Jahreszeit.

36H

DER DUFT DES FRÜHLINGS

… in Bad Langensalza und im Hainich

Wenn man an den Frühling denkt und ihn mit einem Duft verbinden soll, sind es wohl Frühblüher oder der intensive Geruch von Bärlauch, der einem in die Nase steigt! Um beides zu erleben und in vollen Zügen zu genießen, eignet sich ein Wochenendausflug in den Nationalpark Hainich.

#Knoblauchspinat #esriechtnachKnobi #Stadtspaziergang

Schon bevor der Bärlauch blüht, nimmt man den intensiven Geruch nach Knoblauch überall im Nationalpark Hainich wahr.

Bad Langensalza ist die Kur- und Rosenstadt in Thüringen. Direkt im Zentrum befinden sich gleich zehn unterschiedliche Parks und Gärten, sodass man Tage damit zubringen könnte, die bemerkenswerten Blumen und Bäume zu entdecken. Diese Eskapade ist dem Frühling gewidmet und führt einmal durch den Kurpark. Die Strecke an sich ist nur einen Kilometer lang. Doch an ihr liegen die prachtvollsten Gärten der Stadt.

Das Friederikenschlösschen versteckt auf den ersten Blick den Schlösschenpark hinter sich. Er wurde auf Grundlage historischer Pläne in seiner barocken Grundstruktur rekonstruiert und beherbergt einen besonderen Schatz. Aus einem Bronzebecken sprudelt Schwefelwasser, was in Bad Langensalza als Heilmittel verwendet wird.

Auf dem weiteren Weg durch den Kurpark gelangt man zum Rosengarten und zum Japanischen Garten. Beiden sind kostenpflichtig, aber wirklich umwerfend schön! Vor allem die Kirschblüte im Japanischen Garten ist im Frühling beeindruckend. Ganz am

Ende des Kurparks – man muss einmal über die Straße gehen – verbirgt sich noch ein kleiner Magnoliengarten. Auch dieser blüht in Weiß und Hellrosa und lädt ein, sich kurz fallen zu lassen und die großen Blüterblätter zu bestaunen.

Ein perfekter Abschluss dieses Spaziergangs ist ein Besuch des Natur!Garten (badlangensalza.bund.net). Hier geht es etwas wilder zu, denn er wird vom BUND gepflegt, der viel Wert darauf legt, ein bienen- und insektenfreundliches Umfeld zu schaffen und Wissen

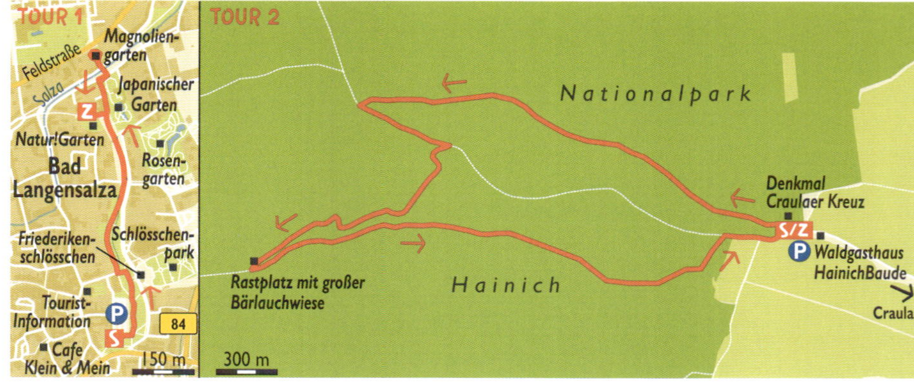

Die Langensalzaer Gärten entlang des Kurparks sind so vielfältig, wie die Natur selbst.

zu vermitteln, und zudem Spielangebote für Kinder bereithält. Das Café mit leckerem Gebäck sorgt für einen gemütlichen Nachmittag.

Was im Kurpark selbst immer wieder auffällt, ist das Engagement der Bewohner:innen Bad Langensalzas und ihre grenzenlose Liebe zur Natur. Viele der hier gepflanzten Bäume wurden von Abschlussklassen, zu Gedenken lieber Angehöriger oder zu besonderen privaten Jubiläen gestiftet. Eine besondere Art und Weise, den Menschen aus der Region zu begegnen.

Ebenso besonders ist eine Begegnung mit dem UNESCO-Weltnaturerbe Nationalpark Hainich (www.nationalpark-hainich.de), der sich unmittelbar vor Bad Langensalza befindet. Am zweiten Tag dieser Eskapade sollten die Wanderschuhe geschnürt und unbedingt ein Ausflug in den Wald unternommen werden. Denn solange die Bäume noch wenig Laub tragen, erscheinen am Waldboden herrliche Teppiche aus Frühblühern: im März etwa die Märzenbecher, ab Mai ist es der Bärlauch, der in seiner vollen Blüte steht! Und der bringt natürlich einen ganz besonderen Duft mit sich ...

Auf dem Wanderweg Craulaer Kreuz kann man dieser unverwechselbaren Duftspur folgen und sich von dem Meer aus Bärlauchblüten verzaubern lassen. Es ist ein herrlicher Anblick, der die grauen Wintermonate vergessen lässt und Herz und Seele mit Glücksgefühlen füllt. Am Ende der Tour schmeckt ein Brot mit frischer Kräuterbutter in der Hainich-Baude (www.hainichbaude.de) besonders gut!

FAZIT: FRÜHLING GENIESST MAN MIT ALLEN SINNEN!

Hin & weg: Bad Langensalza: Parkplatz am Ende der Friedrich-Mann-Straße. Craulaer Kreuz: Wanderparkplatz Craulaer Kreuz an der HainichBaude.

Beste Zeit: Bis Mitte März findet man Märzenbecher im Hainich. Der Bärlauch blüht auf dieser Wanderung im Mai.

Dauer & Strecke: Ein Wochenende. Für den Kurpark Bad Langensalza (1 km) den ganzen Tag einplanen, wenn man auch die angrenzenden Gärten besichtigen möchte. Für den 7,5 km langen Wanderweg Craulaer Kreuz braucht man 3–4 Std.

Ausrüstung: Eine feine Nase und eine dünne Jacke für die schattigen Abschnitte der Tour.

Wenn es Nacht wird: Idyllisch, ruhig und direkt am Waldrand liegen die Hainichhöfe Premiumchalets (www.hainichhoefe.de).

GOETHE UND DIE LIEBE

... auf dem Goethe-Erlebnisweg im Weimarer Land

Im Sommer 2022 wurden zwölf Erlebnis-Stationen eröffnet, die die Wanderung von Weimar bis nach Großkochberg zu einer unvergesslichen Tour machen! Der somit geschaffene Goethe-Erlebnisweg erinnert an die Liebe von Johann Wolfgang von Goethe zu Charlotte von Stein auf dem Weg, den er regelmäßig zu ihr aufgenommen hat.

#Liebeserklärung #Waldbaden #weiteLandschaft #SpielmitderLiebe

Ziel des Wanderweges ist das wunderschöne Schloss Kochberg, das von einem Wassergraben umgeben ist.

Der Goethe-Erlebnisweg (www.goethe-erlebnisweg.de) führt auf insgesamt 29 Kilometern von der Klassikerstadt Weimar bis zum Schloss Kochberg. Johann Wolfgang von Goethe ging diesen Weg regelmäßig, um Charlotte von Stein zu besuchen.

Heute kann man sein Ansinnen nachempfinden und sich dabei der Liebe widmen. Ob zu einem Partner oder einer Partnerin oder zu sich selbst – alles ist möglich. Für eine Wochenendtour empfiehlt es sich, zwei der drei Etappen des Wanderweges zu laufen.

Diese Eskapade beginnt in Bad Berka und führt über den Drei-Türme-Weg zum Paulinenturm und schließlich auf den Goethe-Erlebnisweg. »Endlich frei« ist das Motto dieser Etappe und bringt die Aufgabe mit sich, bewusst einen Moment zur Ruhe zu finden. An der Station Tafelbuche steht ein hölzernes Buch bereit, um den Namen seines oder seiner Liebsten

Die Silhouetten von Charlotte von Stein und Johann Wolfgang von Goethe sind auf den Metalltafeln an den Stationen verewigt.

einzuritzen und sich auf dieser Strecke zu verewigen. Ganz ohne Schäden an der Natur. Auf freier Flur gilt es anschließend, den Blickwinkel mit einem Periskop zu wechseln.

Zurück im dichten Wald laden zwei Waldbadezimmer dazu ein, zur Ruhe zu kommen und die heilsame Kraft der Natur zu genießen. Diese Orte sind wirklich magisch! In unterschiedlichen Positionen kann man den Wald in seinen Farben, Gerüchen und Geräuschen auf sich wirken lassen und Raum und Zeit völlig vergessen. An der Kulturheidelbeerplantage des Forstamtes Bad Berka darf auch mal genascht werden, bevor der Goethe-Erlebnisweg für diesen Tag verlassen wird. Übernachtungsziel ist das liebevoll eingerichtete HEIMATliebe Apartment in Blankenhain. Ein leckeres Abendessen verspricht das Restaurant Zum güldenen Zopf (www.zumzopf.de), das traditionelle Thüringer Gerichte neu interpretiert und viel Wert auf regionale Zutaten legt.

»Liebe im Spiegel der Zeit« – auf der dritten Etappe des Goethe-Wanderweges steht der Wandel von Menschen und ihren Beziehungen zueinander oder zu sich selbst im Fokus. Einen spannenden Impuls dazu bieten die Fernrohre im beschaulichen Dorf Schwarza, die mit dem Lauftempo Johann Wolfang von Goethes spielen. Etwas oberhalb des zweiten Fernrohrs genießt man von einer Schutzhütte einen herrlichen Blick über die weiten Wiesen des Weimarer Landes.

Überraschend ist die anschließende Station, denn sie hält dem Betrachter bzw. der Betrachterin auf ihre ganz eigene Art und Wei-

---

Hin & weg: Bad Berka: Bahnhof Zeughausplatz, RB26. Großkochberg: Bushaltestelle Großkochberg, Linie 121 nach Abzweig Großkochberg (Umstieg in andere Buslinie nach Bad Berka) oder Rudolstadt. Mitfahrbank für Pkws mit Klappschildern, um gewünschte Fahrtrichtung anzuzeigen. 45 Min. Fußweg zur Bushaltestelle Abzweig Großkochberg, Linien 114, 121 und 221. Unbedingt Abfahrtszeiten der Busse vor Antritt der Wanderung überprüfen!

Beste Zeit: Ganzjährig.

Dauer & Strecke: 2 volle Tage. Etappe 2: 4–5 Std., 12 km. Etappe 3: 5–6 Std., 16 km.

Ausrüstung: Wanderschuhe, Verpflegung, eine liebe Begleitung oder den Wunsch, sich selbst zu begegnen.

Wenn es Nacht wird: HEIMATliebe Apartment, Rudolf-Breitscheid-Straße 2,99444 Blankenhain. Buchbar über Booking und AirBnB.

Sich hinsetzen, innerlich wie äußerlich zur Ruhe kommen und aus ganzem Herzen einen Brief per Hand schreiben – das fühlt sich gut an.

se einen Spiegel vor und gewährt zugleich Wildbienen einen Unterschlupf. Zeit für eine Pause? Kekek's Wanderhütte in Hochdorf beglückt mit Thüringer Küche. Gestärkt darf man sich anschließend Gedanken über einen Liebesbrief machen ... Von hier aus führen Feldwege ins malerische Färbedorf Neckeroda, zur Herzschaukel und zum Steinturm.

Ziel der Wanderung ist schließlich das Schloss Kochberg mit seinem idyllischen Park und dem märchenhaften Postkartenmotiv von Schloss und Wassergraben.

FAZIT: DIESE TOUR KANN FRÜHLINGSGEFÜHLE WECKEN ODER AUCH DER WEG ZU SICH SELBST SEIN.

ACHTSAM IN WALD UND PARK

#44

Bad Liebenstein ist eine der ältesten Kurstädte Thüringens und liegt eingebettet in einer herrlichen Landschaft im Thüringer Wald. Zwei sehr unterschiedliche Waldabschnitte versetzen beim Wandern in Staunen und in eine achtsame Haltung gegenüber der Umgebung und sich selbst.

#Naturkur #Terrainkurweg #Felsentheater #erstaunlicheParkarchitektur

»Der achtsame Weg« ist ein Terrainkurweg in Bad Liebenstein, der zu mehr Gelassenheit und einem tieferen Blick auf sich selbst und seine Umgebung führt. Startpunkt ist am neuen Kurpark. Der Weg führt durch den Elisabethpark hindurch und in den Wald hinein. An verschiedenen Stationen warten Impulse zum Thema Achtsamkeit. Scannt man die QR-Codes, öffnen sich passende Videos mit kleinen Anleitungen zur Konzentration und Wahrnehmung der Natur. Nach einem kurzen Anstieg im Wald erreicht man einen verwunschenen Ort zwischen den Bäumen. Eine steinerne Treppe führt hinauf ins Felsentheater. Der Platz, der von großen Felsen umringt ist, strahlt eine kraftvolle Ruhe aus. Zwei riesige Buchen bestärken diese Atmosphäre. Das weiche üppige Moos verleiht dem Theater festlich-grüne Vorhänge. Ein perfekter Ort für eine Rast!

Der weitere Weg führt oberhalb des Felsentheaters entlang und bietet an der Burg Liebenstein und am Aussichtspunkt »Weiter Blick«

Hin & weg: Das Hotel Herzog Georg liegt gleich neben dem Streckenverlauf des Terrainkurwegs »Der achtsame Weg«. Schloss und Park Altenstein: Bushaltestelle Altenstein, Linie 41 oder Parkplatz Altenstein Am Waldhaus, Altenstein 3, 36448 Bad Liebenstein.

Beste Zeit: Mai–Oktober.

Dauer & Strecke: Terrainkurweg »Der achtsame Weg«: 2–3 Std. für 5,7 km. Schloss und Park Altenstein: 3–4 Std.

Ausrüstung: Smartphone für die Achtsamkeitsübungen auf dem »achtsamen Weg«.

Wenn es Nacht wird: Ferienwohnung im Hotel Herzog Georg, auch mit Frühstück möglich: www.herzog-georg.de/angebot/ferienwohnung-s-im-neubau

---

Der liebevoll gestaltete Park Altenstein überrascht mit seinen weitläufigen Ausblicken über die Region.

eine herrliche Aussicht über die Stadt bis in die Rhön. Wer mag, kann barfuß nach unten laufen und sich die Füße im wohl schönsten Kneipp-Tretbecken Thüringens abkühlen! Abkühlung gibt es außerdem in dem Traditions-Eiscafé Zum Polarstern (zumpolarstern.de) in der Innenstadt.

Der zweite Tag dieser Eskapade führt in einen Park, der seinesgleichen sucht! Am Schloss Altenstein geht die gepflegte Grünanlage fließend in den urigen Wald über und bringt Besucher:innen auf dem weitläufigen Gelände mit architektonischen Schätzen immer wieder zum Staunen.

Perfekter Ausgangspunkt ist das Hofmarschallamt, in dem sich das Besucherzentrum befindet. Hier bietet sich der erste Blick auf das prächtige Schloss im Stil der englischen Spätrenaissance. Auch auf dem Bonifatiusfelsen ist das Schloss Altenstein wunderschön anzusehen.

Kurz danach verlässt man das unmittelbare Schlossgelände und gelangt auf Waldpfaden zum Blumenkorbfelsen. Der steinerne Korb ist tatsächlich bepflanzt! Bereits hier lässt sich die außergewöhnliche Parkarchitektur erahnen, in der immer wieder natürliche Felsen genutzt werden. Noch beeindruckender ist das Chinesische Häuschen, das auch betreten werden kann. Der Ausblick von diesem und dem darauffolgenden Aussichtspunkt »Morgentor« ist atemberaubend und genau richtig, um einen Moment zur Ruhe zu kommen. Ganz in der Nähe liegt auch die Altensteiner Höhle (www.bad-liebenstein.de/hoehle), die seit 2023 wieder geöffnet hat!

Zurück am Schloss Altenstein lohnt sich ein Blick dahinter. Vorbei an den aufwendigen Knotenbeeten, taucht die Ritterkapelle auf. Und einen wunderschönen Abschluss mit Blick zum Schloss bildet die Teufelsbrücke.

Nach diesem beeindruckenden Parkspaziergang bleibt eine Frage offen: Schließt man den Tag mit asiatischen Spezialitäten im SEN Restaurant (www.sen-badliebenstein.de) oder mit Bierspezialitäten im bierfein (bierfein.de) ab? Beides klare kulinarische Empfehlungen in Bad Liebenstein!

FAZIT: ZEIT FÜR DIE NATUR BEDEUTET IMMER AUCH ZEIT FÜR SICH SELBST.

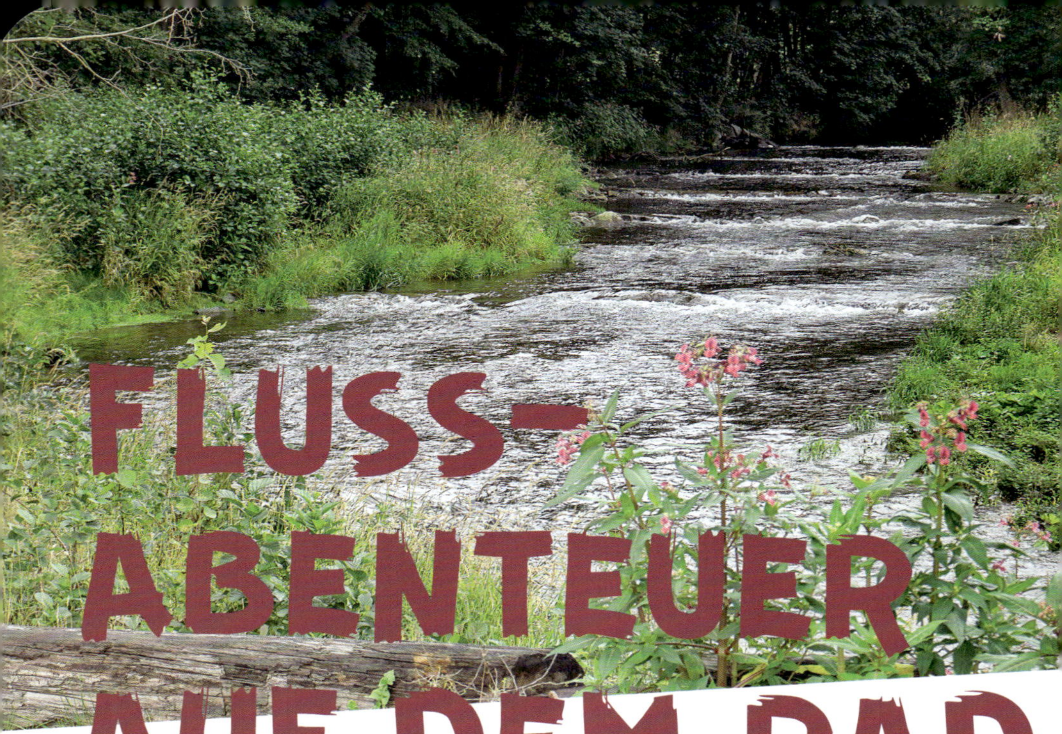

FLUSS-ABENTEUER AUF DEM RAD

... auf dem Ilmtal-Radweg

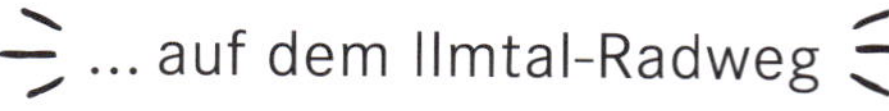

#45

Der Ilmtal-Radweg führt auf seinen 123 Kilometern vom Thüringer Wald bis ins Weingebiet Saale-Unstrut. Er ist der einzige Vier-Sterne-klassifizierte Radweg in Thüringen. Für eine gemütliche Tour folgt diese Eskapade den Etappen vom Rennsteig bis nach Kranichfeld mit einem Abstecher auf den AtemWeg.

#vomRennsteigbergab #Atmennichtvergessen #Senfmühle #Kaffee&Jazz

Fantastische Kuchen, herzhafte Gerichte und eine Prise Jazz verbindet das Ateliercafé in Kranichfeld.

In Allzunah, direkt am Rennsteig, liegt der Beginn des Ilmtal-Radwegs (www.ilmtal-radweg.de). Bevor es zügig bergab geht, gibt es die Möglichkeit, noch ein Stück bergauf zu fahren und den Weitblick vom Aussichtspunkt Großer Hundskopf zu genießen. Ein schmaler Waldweg führt zur Schutzhütte hinauf.

Anschließend rauscht der Wald förmlich an einem vorbei, bis man bereits in Stützerbach an der Kneipp-Anlage zum ersten Stopp kommt. Hier beginnt der AtemWeg (www.stuetzerbach.de/entdecken/atemweg). Eine besondere Rundwanderung, für die man dank der kurzen ersten Radetappe genügend Zeit hat. Stützerbach zählt zu den 20 besten Luftkurorten Deutschlands. Der Weg durch den Wald und an Weiden entlang verbindet daher Kneipp- und Atemübungen. An vielen lehrreichen Station darf achtsam geatmet werden, und bei einer Pause am höchsten Punkt führt der idyllische Blick über Stützerbach zu innerer Ruhe und Glückseligkeit. Ein toller Start in die Tour!

Noch bevor die eigentliche Radtour startet, bietet der große Hundskopf einen tollen Ausblick über den Thüringer Wald.

Der weitere Radweg führt am wunderschönen Waldbad Stützerbach vorbei, um bald darauf den Ursprung der Ilm zu passieren. Mit einem kurzen Fußmarsch kann man den Quellbächen Lengwitz, Freibach und Taubach dabei zusehen, wie sie zur Ilm zusammenfließen.

Fließend geht es auch auf dem Radweg weiter bergab mit einem tollen Blick auf den Waldcampingplatz im Meyersgrund und nach Manebach, wo ein herrlicher Aussichtspunkt über den Ort und den Wald begeistert. Nun befindet man sich schon auf der Zielgeraden Richtung Ilmenau. Unterwegs verleitet der Carl-Alexander-Brunnen im Wald zu einem kurzen Stopp, denn diese kleine Lichtung sieht umrahmt von bemoosten Bäumen einfach magisch aus!

In Ilmenau verläuft der Check-in im modernen Mara Hotel schnell, ebenso schnell gelangt man mit dem Fahrrad von hier aus zu den Ilmenauer Teichen. Im Haus am See (www.hausamsee-ilmenau.de) kann man den Abend im Biergarten mit Blick auf die Bootsanlegestelle entspannt ausklingen lassen!

Der Start in den zweiten Eskapadentag beginnt mit einem großartigen Frühstück im Hotel. Von Ilmenau aus rollt man gemütlich weiter bergab, immer an der Ilm entlang. Die Waldabschnitte werden nun weniger, die Strecke verläuft durch kleine Orte und an Feldwegen entlang. Ein Höhepunkt des Tages ist die Senfmühle in Kleinhettstedt (www.premium-senf.de). Der phänomenale Senf, der vor Ort gemahlen wird, kann hier in all seinen Sorten verkostet werden. Eine Besichtigung der

Hier kann man tief durchatmen und das Bewusstsein auf die eigene Atmung lenken: der AtemWeg in Stützerbach.

Mühle ist kostenfrei, der Mühlenwirt und das Café Senfmühlentenne (www.senfmuehlen-tenne.de) laden zum Radler oder Kaffee ein. Kurz vorm Ende der Eskapade überrascht das Ateliercafé in Kranichfeld (www.ateliercafe-kranichfeld.de) direkt am Radweg. Die Betreiber, die eigentlich Kunstlehrer sind, kochen und backen selbst, organisieren hochkarätige Jazzkonzerte und veranstalten Kunstworkshops. Ein echter Geheimtipp! Perfekt, um die Erlebnisse Revue passieren und sich von der Jazzmusik treiben zu lassen.

Hin & weg: Allzunah: Bahnhof Rennsteig, Rennsteig-Shuttle der Süd-Thüringen-Bahn (nur am Wochenende und an Feiertagen). Von dort ca. 2,5 km bis Allzunah. Oder man nutzt den Rad-Transfer-Service von Travel Butler. Kranichfeld: Bahnhof Kranichfeld, RB26.

Beste Zeit: Mai bis Oktober.

Dauer & Strecke: 2 Tage. Etappe 1 auf dem Ilmtal-Radweg 1–2 Std. für 15 km. Rundwanderung AtemWeg 2 Std. inkl. Atemübungen für 3,3 km. Etappe 2 auf dem Radweg 4–5 Std. für 38 km.

Ausrüstung: Fahrrad, Helm, Trinkflasche und Verpflegung, Platz im Rucksack für Senf aus der Senfmühle Kleinhettstedt.

Wenn es Nacht wird: Mara Hotel (www.mara-hotel.de).

FAZIT: DER ILMTAL-RADWEG DURCH DIE IDYLLISCHE THÜRINGER LANDSCHAFT IST GESPICKT MIT BEMERKENSWERTEN EINDRÜCKEN UND ÜBERRASCHENDEN BEGEGNUNGEN.

KLETTERN UND BOULDERN IM WALD

… im Lauchagrund und an der Sonnenbank

Wer ein Kletterwochenende verbringen möchte, wird vermutlich nicht sofort in Thüringen danach suchen. Dabei hat der Thüringer Wald einige Felsformationen zu bieten, die sich hervorragend zum Klettern und Bouldern eignen und echte Geheimtipps sind!

#hochhinaus #KletternmitWeitsicht #wildromantisch

Der Rote Turm ist ein beliebter Kletterspot bei Bad Tabarz.

Rund um Bad Tabarz und Tambach-Dietharz befinden sich zwei Klettergebiete, die in den Schwierigkeitsstufen eins bis elf für Anfänger:innen bis Fortgeschrittene passende Strecken bereithalten (www.tourismus-thueringer-wald.de/klettern-bouldern). Am Aktivhotel Inselsberg in Bad Tabarz befindet man sich bereits am Ausgangspunkt des Lauchagrundes, von dem aus man die unterschiedlichen Felsformationen im Thüringer Wald erreicht.

Um sich einen Überblick zu verschaffen, bietet sich der Rundwanderweg 6 zum Backofenloch an. Er vereint steinerne Sehenswürdigkeiten mit dem idyllischen Felsental entlang der Laucha. Vom Hotel aus startend, lässt sich die Strecke, die sich einmal kreuzt, abkürzen, sodass man sich voll und ganz auf den Lauchagrund konzentrieren kann. Die Route verläuft entlang des Tabarzer Vulkanstiegs und führt zu den Backofenlöchern – drei Höhlen, die im vulkanischen Gestein entstanden sind. Am Tempelchen lohnt sich ein Abstecher zum Torstein. Dieses sechs Meter hohe Felsentor besteht ebenfalls aus Vulkangestein. Das Klettern ist an dieser Stelle jedoch untersagt.

Um zu zwei beeindruckenden Kletterfelsen zu gelangen, folgt man dem Weg vom Tempelchen aus hoch hinauf. Zunächst erreicht man den Aschenbergstein, der inklusive Gipfelkreuz eine fantastische Aussicht auf den Inselsberg bietet. Er eignet sich zum Klettern für Geübte und für Zwei-Seillängen-Touren. Steigt man noch ein Stück höher, gelangt man zum Roten Turm. Der Name ist Programm, denn der spitz aufragende Fels besteht wie viele Wände und Gipfel in dieser Gegend aus rotem Porphyrgestein. Am Roten Turm sowie am Findling und an der Angstwand gibt es familienfreundliche Touren. Auf dem Rückweg zum Hotel kann man auch im Lauchagrund an hohen Felswänden Menschen beim Klettern beobachten.

Hin & weg: Bad Tabarz: Thüringerwaldbahn, Haltestelle Bad Tabarz, Linie 4. Bushaltestelle Bad Tabarz, Linien: 840, 841, 842 und 857. Sonnenbank: Bushaltestelle Rodebachmühle, Linien: 850, 851 und 865. Parkplatz an der Rodebachmühle, Rodebachmühle 1, 99887 Georgenthal.

Beste Zeit: Mai bis Oktober.

Dauer & Strecke: Ein Wochenende. Rundwanderweg 6 Bad Tabarz: 3 Std. für 7 km einplanen.

Ausrüstung: Kletterausrüstung zum Klettern oder Bouldern.

Wenn es Nacht wird: Aktivhotel Inselsberg (www.aktivhotel-inselsberg.de).

Insgesamt gibt es im Lauchagrund über 260 Kletterwege. Wer sich einen begleiteten Einstieg wünscht, fragt am besten in der Tourist-Information nach geführten Touren. Zur Stärkung nach dem Klettern empfiehlt sich das Restaurant Arenaris direkt im Aktivhotel

Der Weg zum Boulderspot Sonnenbank führt durch den Wald entlang des Rodebachs.

oder das Restaurant im Hotel Zur Post (hotel-tabarz.de).

Der zweite Tag dieser Klettereskapade widmet sich dem Bouldern. Ausgangspunkt ist der Parkplatz an der Rodebachmühle in der Nähe von Georgenthal. Nach dem Einstieg auf den Wanderweg durch das Robebachtal folgt man der Beschilderung zur Bärenhöhle. Das Ziel, die Sonnenbank, befindet sich direkt gegenüber.

Seinem Namen macht dieser Felsen alle Ehre. Direkt auf der Spitze des Berges gelegen, wird er die meiste Zeit des Tages von der Sonne angestrahlt und ist ein tolles Fotomotiv sowie auch ein attraktives Wanderziel. 21 Boulderrouten in den Schwierigkeitsgraden 5c bis 7b befinden sich hier oben, die zum Teil Fallschutzmatten benötigen.

Tipp: An heißen Tagen bietet sich nach dem Bouldern noch ein Besuch im Freibad Georgenthal mit Campingplatz an.

FAZIT: IM THÜRINGER WALD GIBT ES ERSTAUNLICHE ORTE ZUM KLETTERN IN JEDEM SCHWIERIGKEITSGRAD!

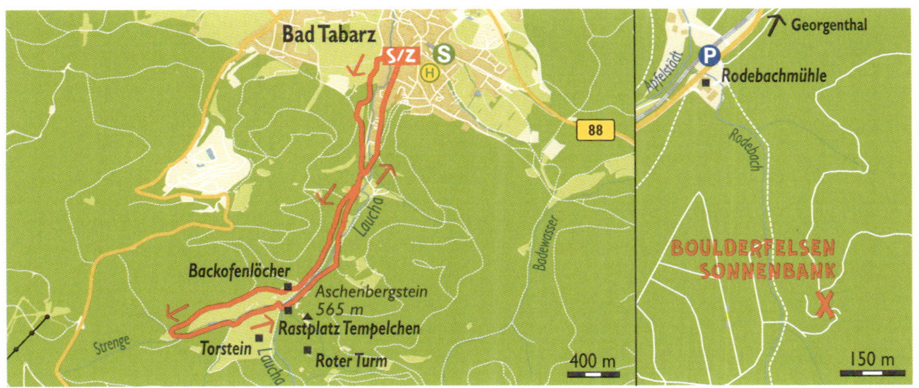

WINTERORT IM SOMMER-GEWAND

... in Oberhof

Oberhofs Maskottchen ist Schneemann Flocke. Das zeigt schon deutlich, dass der beliebte Urlaubsort im Thüringer Wald für den Wintersport bekannt ist. Deshalb wirft diese Eskapade einen Blick auf Aktivitäten im Sommer, die ebenso nach draußen locken.

#Rennsteiggarten #Hochmoor #Bikepark

Wo könnte ein Sommerausflug in Oberhof beginnen? Natürlich am Rennsteig! In diesem Fall nicht mit einer klassischen Wanderung, sondern mit einem Spaziergang durch den Rennsteiggarten (rennsteiggartenoberhof.de). Viele Pflanzen aus der Gebirgsflora werden in ihren natürlichen Lebensräumen gezeigt. Somit gleicht die Besichtigung einem Waldspaziergang mit rund 4000 unterschiedlichen Pflanzenarten von fast allen Kontinenten der Erde. Dabei genießt man den Ausblick auf den Thüringer Wald vom 868 Meter hohen Pfanntalskopf. Am Ende des Rundweges lädt das Café Enzian zu einer Tasse Kaffee und einer kleinen Stärkung ein. Mitbringsel gewünscht? Wie wäre es mit einem Pflanzensouvenir aus dem Rennsteiggarten?

Gewandert wird im Anschluss dann doch noch einmal, allerdings nur für einen sehr kurzen Abschnitt auf dem Rennsteig. Ziel ist das Schützenbergmoor. Das circa 2500 Jahre

Eine Fahrt im Fallbachlift ist auch ohne Mountainbike toll, um den Ausblick zu genießen und den Bikepark im Blick zu haben.

alte Hochmoor beherbergt aufgrund der besonderen Klimabedingungen eine einzigartige Tier- und Pflanzenwelt. Auf einem 230 Meter langen barrierefreien Steg wandelt man über den Moos-, Rausch- und Krähenbeeren. Der Weg ist als Lehrpfad angelegt und auf einer Bank kann man die Ruhe und Kraft, die dieser besondere Ort ausstrahlt, genießen und auf sich wirken lassen.

Wer nun Lust auf noch mehr Höhe und Weite bekommen hat, sollte einen Ausflug in den Bikepark in Oberhof (bikepark-oberhof.de) unternehmen. Den Fallbachlift kann man in der Sommersaison auch auf Wanderungen nutzen und den Blick auf den Thüringer Wald, die Sportstätten und natürlich die Biker:innen direkt unter den Füßen in Aktion erleben.

Nach so viel Bewegung an der frischen Luft ist der Hunger am Abend sicherlich groß. Ein unvergessliches Abendessen bietet das Haus Vergissmeinnicht in Oberhof (www.haus-vergissmeinnicht.de). Das Wohnstubendinner verspricht moderne Gerichte aus regionalen und saisonalen Zutaten, die zu 100 Prozent aus eigener Herstellung sind. Eine Tischreservierung empfiehlt sich! Wie praktisch, dass sich die wunderschöne Pension Oberhof 810 M nur 300 Meter entfernt befindet. Man fällt qua-

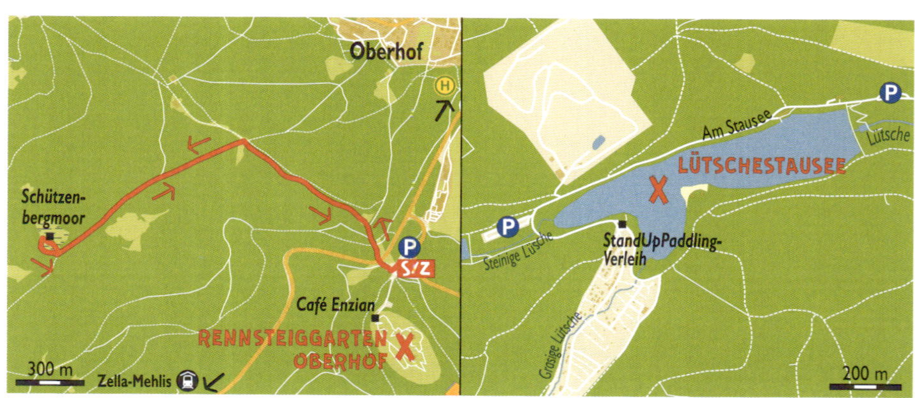

si von der Wohnstube ins Schlafzimmer und wacht mit einem unvergesslichen Blick auf die Oberhofer Schanzenanlage wieder auf.

Am zweiten Tag der Eskapade steht der Abschied von Oberhof an, denn es folgt ein Tagesausflug an die Lütschetalsperre. Eine von vier Talsperren der Region, allerdings die einzige, in der man baden kann! Ein Wanderweg führt einmal um das Gewässer herum, und aus dem Wald heraus entdeckt man bereits die ersten Wassersportler:innen in Kanus oder auf SUPs. Letztere kann man am Ufer vor dem Campingplatz ausleihen. Ein paar Meter weiter befindet sich eine herrliche Wiese, die zu einem Picknick und einer Erfrischung im kalten Nass einlädt. Das Wasser der Lütschetalsperre hat auch an heißen Sommertagen nicht mehr als 20 Grad. Hier kann man den Tag entspannt verbringen.

FAZIT: AUCH IM SOMMER IST OBERHOF EIN EINLADENDER URLAUBSORT MIT ZAHLREICHEN AKTIVITÄTEN IM THÜRINGER WALD.

Hin & weg: Busbahnhof Oberhof, Linie 422. Diese Buslinie verkehrt zum Bahnhof Zella-Mehlis. Parkplatz an der Pension Oberhof 810. Es gibt leider keine Verbindung mit öffentlichen Verkehrsmitteln von Oberhof zur Lütschetalsperre. Parkplatz Lütschetalsperre, Am Stausee, 99330 Geratal.

Beste Zeit: Mai bis Oktober.

Dauer & Strecke: 2 Tage. Für Schützenbergmoor und Rennsteiggarten an Tag 1 sollte man 4–5 Std. einplanen, für die Lütschetalsperre an Tag 2 den ganzen Tag inkl. Baden und Picknick.

Ausrüstung: Dünne Jacke und ein Tuch – in Oberhof weht meist ein frischer Wind, Badesachen, Handtuch, Picknickdecke.

Wenn es Nacht wird: Pension Oberhof 810 M (www.oberhof-810.de).

Rainfarn
Teebaum-
2.6.
Teebaum-
2.6.
Teebaum-
2.6.
Teebaum
2.6

THÜRINGER KRÄUTER-GARTEN

#48

Das Schwarzatal ist nicht nur malerisch schön, es wird auch als der Thüringer Kräutergarten bezeichnet. Auf den Spuren der sogenannten Olitäten kann man die wunderschöne Natur, lehrreiche Workshops und die Thüringer Bergbahn mit ihrem einzigartigen Olitätenwagen entdecken.

#Buckelapotheker #Kräuterwanderung #ThüringerBergbahn

Seit dem 17. Jahrhundert handelten die Oberweißbacher:innen mit Heilkräutern, die entlang der Schwarza in großer Fülle zu finden waren. Der Ort hatte sich zu einer regelrechten Hochburg des Olitätenhandels entwickelt – die sogenannten Buckelapotheker, die Kräuter, Öle und Balsame auf dem Rücken transportierten, trugen ihre Waren bis nach Frankreich oder Polen zum Verkauf.

Auf dem Rundwanderweg »Auf den Spuren der Buckelapotheker« begegnet man dieser bemerkenswerten Tradition, die in der Tourist-Information im ältesten Haus Oberweißbachs heute wieder belebt wird. Neben Vorträgen werden im Fröbelmuseum und der Olitätenstube auch Workshops zur Herstellung von Salben sowie Kräuterwanderungen angeboten. Diese Wanderung führt aus Oberweißbach heraus, über den Kräuterlehrpfad bis auf den Fröbelturm, der Friedrich Fröbel, dem Erfinder des Kindergartens, gewidmet ist. Das Berggasthaus Fröbelturm (www.gasthaus-froebelturm.de) lädt zu einer kulinarischen Wanderpause ein.

Hin & weg: Mit der Schwarzatalbahn von Erfurt nach Obstfelderschmiede und der Thüringer Bergbahn nach Lichtenhain. Parkplatz am Chalet Weitsicht.

Beste Zeit: Mai bis Oktober.

Dauer & Strecke: Auf den Spuren der Buckelapotheker: 4–5 Std., 10 km. Wanderung entlang der Bergbahn: 1–2 Std.

Ausrüstung: Ein Korb oder eine Tasche für Kräuter, die man unterwegs pflückt (z. B. für frische Kräuterbutter), Tickets für die Thüringer Bergbahn.

Wenn es Nacht wird: Chalet Weitsicht by Interhome. Buchung auf Booking.com: www.booking.com/Share-sozeVh

---

Der Fröbelturm, der direkt am Kräuterlehrpfad liegt, ist dem Erfinder des Kindergartens Friedrich Fröbel gewidmet. Er wurde 1782 in Oberweißbach geboren.

Anschließend führt der Weg auf dem Panoramaweg Schwarzatal entlang bis nach Cursdorf. Empfehlenswert ist eine süße Pause im Café Zur Biene (www.gasthaus-biene.de), bevor ein weiteres Highlight dieser Tour am Bahnhof Cursdorf abfährt. Auf der Flachstrecke von Cursdorf bis nach Lichtenhain verkehrt der Olitätenwagen der Thüringer Bergbahn (www.thueringerbergbahn.com). In diesem dreht sich alles rund um die Kräuter der Region, die man während der Fahrt erforschen kann - zum Beispiel mit Ferngläsern, einem Memoryspiel oder einer Dufttafel. Da der Wanderweg an dieser Strecke bis nach Lichtenhain weiterführt, kann man selbst entscheiden, ob man eine Station bis nach Oberweißbach oder beide Stationen bis nach Lichtenhain fährt. Ein echtes Bahnerlebnis mit wunderschönem Ausblick ins Schwarzatal!

Eine herrliche Aussicht bietet sich dann auch für die Übernachtung im Chalet Weitsicht, einem rustikalen großen Ferienhaus in Lichtenhain. Urgemütlich am Abend und erfrischend zum mitgebrachten Frühstück am Morgen auf der weitläufigen Terrasse.

Am zweiten Eskapadentag bietet sich die Gelegenheit, die Steilstrecke der Thüringer Bergbahn ausgiebig zu erleben. Beispielsweise indem man an der Strecke entlang ins Tal wandert und bei gutem Wetter mit dem Cabriowagen wieder nach oben fährt. Mit einer frischen Brise um die Nase, lässt sich der Ausblick auf den langsam vorüberziehenden Wald umso mehr genießen. An der Bergstation gibt es auch noch einiges zu entdecken: im Maschinarium, dem Erlebnismuseum der Bergbahn, kann man hinter die Kulissen blicken und im Fröbelwald spielerisch das eigene Wissen rund um den Wald erweitern. Letzterer ist ebenfalls nach Friedrich Fröbel benannt und greift dessen pädagogischen Ansatz auf. Mit allen Sinnen werden der Wald und seine Bewohner:innen entdeckt. Ein Spaß für Groß und Klein! Für die kulinarische Versorgung sorgt das Bistro der Lichtenhainer Waldbahn.

FAZIT: DIE GESCHICHTE DES SCHWARZATALS IST BEIM WANDERN ZUM ANFASSEN NAH UND SCHMACKHAFT OBENDREIN!

EINMAL RUND-HERUM

... auf dem Radring Erfurt

Auf dem Radring Erfurt kann die Thüringer Landeshauptstadt auf insgesamt 110 Kilometern umrundet werden. Mit acht separaten Rundtouren ist das auch ein Erlebnis für mehrere Ausflüge. Im Mittelpunkt stehen dabei die ländliche Idylle und die Landwirtschaft der Region.

#LandwirtschafterFahren #dasUmlandentdecken #AlperstedterSee #WildeWeiden

Der Radring Erfurt widmet sich der Landwirtschaft der Region.

Alle Landkreise der Region haben gemeinsam den Radring Erfurt entwickelt, und der Thüringer Bauernverband e.V. hat das Projekt Landwirtschaft erFahren mit umgesetzt. Das Ergebnis ist ein 110 Kilometer langer Radrundweg, der durch die ländliche und industrielle Region rund um Erfurt führt und über die vielfältige landwirtschaftliche Nutzung der Flächen informiert.

Für einen Wochenendausflug mit dem Fahrrad bietet es sich an, einen Teil der Strecke abzufahren. Nach Neudietendorf führt vom Zentrum Erfurts der Radweg Thüringer Städtekette. Alternativ kann man auch vom Hauptbahnhof die Regionalbahn nutzen. In Neudietendorf beginnt Abschnitt 5 des Radrings.

Bereits auf den ersten Kilometern kommt ein besonderes Ensemble in Sichtweite. Die Burgen Drei Gleichen thronen auf drei Hügeln im Landkreis Gotha. Über Wandersleben bergauf bis nach Kleinrettbach kann das Burgensemble aus unterschiedlichen Perspektiven be-

Die Gera ist für kurze Zeit fließende Begleiterin der Radtour.

trachtet werden. Der Radweg führt hier auf Feldwegen entlang und durch kleine Dörfer mit wunderschönen Kirchen. In Bindersleben blinken die Lichter der Einflugschneise des Flughafens Erfurt-Weimar neben dem Radring.

In Alach bietet sich eine Rast im Magdalenengut an: Auf Vorbestellung kann im Restaurant Magda (www.restaurant-magda.de) ein Picknickkorb gepackt oder am Wochenende ein Platz für das hochwertige Mittagsmenü reserviert werden. Besondere Ausblicke bietet die Strecke dann entlang der A71: auf die Autobahn selbst, aber auch auf Erfurt. Wer in Tiefthal die Zeit aufbringen möchte, kann einen Abstecher zum Aussichtspunkt Schwellenburg machen.

In Elxleben kreuzt der Radweg dann die Gera und führt an dieser ein Stück entlang, bis ein anderes Gewässer in den Fokus kommt: der

Hin & weg: Der Städtekette-Radweg kreuzt Start- und Endpunkt der vorgeschlagenen Tour. Oder Regionalbahn vom Bahnhof Neudietendorf bis zum Bahnhof Vieselbach.

Beste Zeit: Juni bis August, wenn man im Zelt oder in einer schwimmenden Hütte übernachten und im See baden möchte.

Dauer & Strecke: Ein Wochenende für Abschnitt 5 von Neudietendorf bis Abschnitt 2 Vieselbach des Radrings Erfurt. Gesamt etwa 75 km. Etappe 1: Neudietendorf bis zum Alperstedter See, 4–5 Std., 44 km. Etappe 2: Alperstedter See bis zum Bahnhof Vieselbach, 3–4 Std., 31 km.

Ausrüstung: Badesachen, Handtuch, ggf. Zelt, Verpflegung für unterwegs.

Wenn es Nacht wird: ThürKies See Camping (thuerkies-see-camping.de). Oder man bucht eine der schwimmenden Hütten am Alperstedter See (maritimesfreizeitcamp.de).

Das Magdalenengut in Alach und der Alperstedter See sind besondere Orte für einen Stopp auf dieser Radtour.

Alperstedter See. An den ehemaligen Kiesgruben hat sich ein Erholungsgebiet entwickelt. Besonders beliebt ist der SUP-Wassersport. Perfekt, um auf dem Campingplatz im Zelt oder in einer der schwimmenden Hütten zu übernachten und den Tag im Strandgut 33 (strandgut33.de) oder im Belvedere Blue Beach Club (www.facebook.com/bluebeacherfurt) ausklingen zu lassen.

Am zweiten Tag der Radtour geht es weiter auf den Abschnitten 1 und 2 des Radrings. Höhepunkt ist die Moorlandschaft Alperstedter Ried, auf deren Wilden Weiden Exmoor-Ponys und Karpatische Wasserbüffel beobachtet werden können. Eine tolle Möglichkeit, sich mit dem Naturschutzprojekt Alperstedter Ried auseinanderzusetzen und für einen Moment innezuhalten. Der Radweg führt von hier an weiter auf Feldwegen, entlang kleiner Bäche und schließlich bis nach Vieselbach. Auf dem Radweg Städtekette oder mit der Regionalbahn ist das Stadtzentrum von Erfurt schnell erreicht.

Der gesamte Radring ist in sieben Abschnitte und acht Rundtouren eingeteilt. Somit kann jeder Abschnitt auch als individuelle Tour vom Stadtzentrum aus gefahren werden.

FAZIT: DAS ERFURTER UMLAND IST EINE RADREISE WERT UND HÄLT BESONDERE ORTE BEREIT, DIE ES SICH IMMER WIEDER LOHNT ZU BESUCHEN.

DEN KYFF-HÄUSER ENTDECKEN

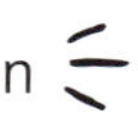

... in und um Bad Frankenhausen

Nördlich von Erfurt erstreckt sich eines der kleinsten Mittelgebirge Deutschlands, das Kyffhäusergebirge. Bad Frankenhausen ist ein toller Ausgangspunkt, um die abwechslungsreiche Landschaft und die Kurstadt selbst mit ihren besonderen Sehenswürdigkeiten zu erkunden.

#Barbarossahöhle #GipsKarstlandschaft #Panoramammuseum #schieferTurm

Die Kastanienallee in Bad Frankenhausen ist ein wunderschönes Naturschauspiel im Herbst.

Sobald man das Hotel Thüringer Hof in Bad Frankenhausen verlässt, befindet man sich unmittelbar auf der ersten Etappe des insgesamt 37 Kilometer langen Kyffhäuserweges. Wer Proviant mitnehmen möchte, sollte die Backmanufaktur Trautmann besuchen (www.brot-trautmann.de)! Durch die Stadt führt der Qualitätsweg Wanderbares Deutschland am Solewasser-Vitalpark und dem Barbarossagarten entlang, bevor er am Stadtpark in den Wald einbiegt. Die Kastanienallee, die den Weg bergauf säumt, ist besonders im Herbst eine Augenweide! Der erste Aussichtspunkt am Galgenberg bietet bereits einen herrlichen Weitblick über die Region. Spielerisch widmet man sich dann an der Naturparkstation der heimischen Natur.

Auf dem Kattenburger Weg durch den dichten Buchenwald lohnt es sich, nach Eichhörnchen und Dachshöhlen Ausschau zu halten. Die ursprüngliche Natur ist Balsam für die Seele. Ein besonderer Moment ist der Wechsel auf den schmalen Gipsfelsenweg. Der Weg bis

zur Barbarossahöhle besticht immer wieder mit seiner bizarren Gips-Karstlandschaft und beeindruckenden Blicken. Auf dem kargen Gestein wachsen im Frühjahr gelbe Adonisröschen und violette Kuhschellen. Selbst Pflanzen aus der Steppe zeigen sich. Wald, Wiese und Gips-Karstlandschaft wechseln sich auf dem weiteren Weg ab. An der Barba-

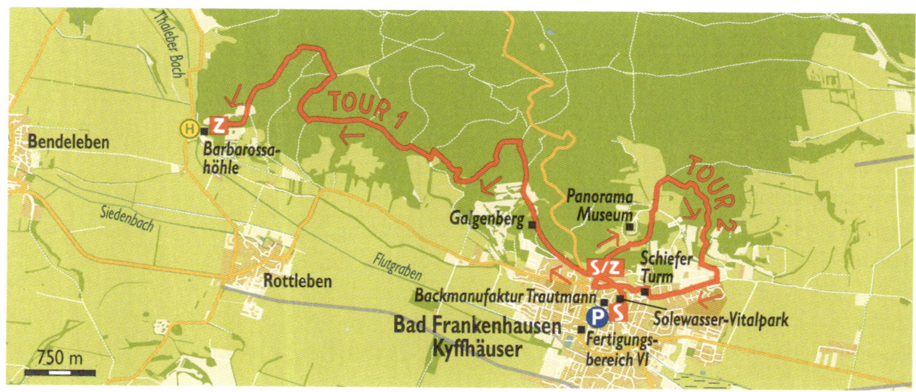

Der Gipsfelsenweg am steilen Hang ist ein beeindruckender Abschnitt des Kyffhäuserweges.

rossahöhle (barbarossahoehle.de) bietet sich die Möglichkeit einer Rast in der Gaststätte Barbarossahöhle, und eine Führung durch die Höhle sollte natürlich auch nicht fehlen. Der Rückweg nach Bad Frankenhausen kann mit dem Bus angetreten werden. Zum Abendessen lädt der Fertigungsbereich VI (fertigungsbereich6.de) in einer urig-rustikalen Atmosphäre zu modernen Gerichten ein.

Der zweite Tag der Eskapade widmet sich der Verbindung von Natur, Kultur und Naturheilmittel in Bad Frankenhausen selbst. Auf dem Kurterrainweg K2 geht es zunächst hoch hinaus zum Schlachtberg. Im Panoramamuseum (www.panorama-museum.de) findet man nicht nur ein besonderes 360-Grad-Gemälde. Außerhalb des ungewöhnlichen Gebäudes wurde seit der Jahrtausendwende ein beeindruckender Obstsortengarten angelegt. Heute stehen auf 20 Hektar etwa 2000 Obstbäume, die um die 800 verschiedenen Obstsorten aus Deutschland repräsentieren. Ziel ist es, alte wertvolle Kultursorten zu erhalten und gleichzeitig wichtige Lebensräume für Flora und Fauna zu schaffen. In der Kyffhäuser App (www.naturpark-kyffhaeuser.de/1/app) erfährt man mehr darüber.

Der Kurterrainweg führt über das Bärental und die Panoramastraße wieder hinab in den Ort und passiert den mittlerweile weit über die Stadtgrenzen bekannten schiefen Turm. Am Ende der Tour lohnt sich ein Besuch im Solewasser-Vitalpark (solewasser-vitalpark.de) mit herrlichem Blick auf die Elisabethquelle und den Hausmannsturm,Tipp: die Soleinhalation im Gradierpavillon ist eine Wohltat für die Atemwege.

FAZIT: DAS KYFFHÄUSERGEBIRGE IST ZWAR KLEIN, BEEINDRUCKT ABER MIT SEINER AUßERGEWÖHNLICHEN LANDSCHAFT UND BESONDERER ARCHITEKTUR IN BAD FRANKENHAUSEN.

Hin & weg: Parkplatz am Hotel Thüringer Hof Bad Frankenhausen. Bushaltestelle Barbarossahöhle, Linien 451 und 494.

Beste Zeit: Mai bis Oktober.

Dauer & Strecke: Kyffhäuserweg Etappe 1: 3–4 Std., 8,8 km. Kurterrainweg K2: 2–3 Std., 5 km.

Ausrüstung: Fernglas zur Beobachtung von Flora, Fauna und für beeindruckende Weitblicke.

Wenn es Nacht wird: Hotel Thüringer Hof Bad Frankenhausen (www.thueringer-hof.com).

R

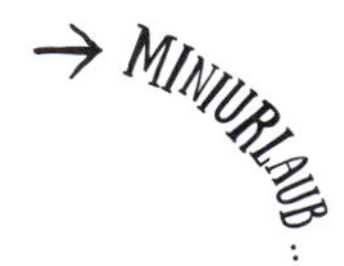

TOUR DER SCHÖNEN AUSSICHT

#51

Sich auf dem Mountainbike einmal komplett im Wald zu verlieren gelingt auf dieser Tour. Die Strecke zwischen Suhl und Elgersburg führt wie eine Acht durch den Thüringer Wald und kann dank Übernachtungsmöglichkeit direkt am Radweg ein komplettes Wochenende lang ohne Unterbrechung genossen werden.

#BikenimWald #neueAussichtenerleben #durchdenNaturpark

Die schönen Aussichten dieser Tour sind teils durch Waldschäden entstanden und machen nachdenklich.

Die sogenannte Tour zur schönen Aussicht ist in Kooperation mit dem Thüringer Forst im Rahmen des Projektes Waldumbau entstanden. Das Besondere an der Strecke sind die vielen Aussichtspunkte und Sichtachsen über den Thüringer Wald, die zum Teil durch Sturmschäden oder auch notwendige Fällungen entstanden sind. Start ist das Waldgasthaus Mönchhof, in dem direkt eingecheckt werden kann, denn hier wird auch übernachtet.

Für den ersten Teil der Tour bietet sich der kleinere Bogen der Acht an, der rund um den Bundschildskopf und Rumpelsberg führt. Da sich die Strecke zweimal überschneidet, kann individuell je nach Tageszeit und Kondition gewählt werden, wie lang diese erste Runde ausfallen soll. Passend zur Unterkunft führt die Mountainbiketour durch den Mönchswald zur Hohe Warte und ein Stück auf dem Gera-Radweg bis zum Gasthaus Hohe Warte (www.gasthaus-hohe-warte.de) – ein perfekter Platz für eine Rast. Auf dem Rückweg bis zum Mönchhof kann der Wasservorrat an der Marienquelle aufgefüllt werden. Verlängert man die Runde bis zur zweiten Kreuzung der Strecke, sind es insgesamt 15 Kilometer, die an diesem ersten Eskapadentag durch den Thüringer Wald führen.

Am zweiten Tag stehen etwa 30 Kilometer auf dem Mountainbike durch den Naturpark an. Vom Mönchhof aus geht es bis ins Freibachtal zunächst bergab. Die idyllische Strecke wird von Gebirgsbächen begleitet, die auch auf Stegen überquert werden. Von hier aus führt die Mountainbikestrecke vom tiefsten bis zum höchsten Punkt auf 976 Metern wieder bergauf. Der anspruchsvollste Teil der Tour ist mit der Ankunft auf dem Schneekopf geschafft! Zuvor bieten sich auf der Panoramastrecke großartige Weitsichten auf Suhl und den Ringberg bis hinein in die Rhön. In der Suhler

Die Fahrt durch den Naturpark Thüringer Wald ist Balsam für die Seele und hält immer wieder kleine Entdeckungen bereit.

Hütte (suhler-hütte.de) darf man sich auf eine kulinarische Pause freuen.

Auf dem Gipfelplateau des Schneekopfs selbst beeindruckt der weite Blick in alle Himmelsrichtungen. Ein Abstecher auf den Gehlberger Blick sollte auf dem Weg zum Felsenschlag, der spannende Felsformationen in den Mittelpunkt rückt, nicht fehlen. Ab dem Rastplatz Güldene Brücke führt die Strecke wieder ausschließlich bergab beziehungsweise geradeaus bis zurück zum Ausgangspunkt.

Auf der Strecke kommen hin und wieder kurze Trails vor. Insgesamt lässt sich die Tour für Mountainbiker:innen mit Grundkenntnissen sehr gut fahren. Die kleine Schleife rund um den Mönchhof ist überdies für Familien mit Kindern und Anfänger:innen geeignet.

FAZIT: AUF DIESER AUSSICHTSREICHEN MOUNTAINBIKETOUR DURCH DEN THÜRINGER WALD GENIEßT MAN WEITBLICKE EBENSO WIE DIE STILLE DES WALDES.

Hin & weg: Mit dem Pkw: Schmücker Straße 20, 98716 Elgersburg ins Navi eingeben. Dort angekommen, 5 km der Straße folgend in den Wald bis zur Waldgaststätte Mönchhof fahren.

Beste Zeit: Mai bis Oktober.

Dauer & Strecke: Ein Wochenende. Gesamtstrecke 6–7 Std für 42,5 km.

Ausrüstung: Mountainbike, Helm, Snacks, Wasserflasche.

Wenn es Nacht wird: Waldgasthaus Mönchhof (www.waldgasthaus-moenchhof.de).

SCHNEE SO WEIT DAS AUGE REICHT

... rund um die Bergstadt Ruhla

Fällt im Tal leichter Schnee, kann man in Ruhla mit Sicherheit schon Schlitten oder Ski fahren! Die Schneewahrscheinlichkeit ist in der Bergstadt sehr hoch, und somit kommen alle, die Winterwanderungen, Schlitten- und Skiausflüge lieben, voll auf ihre Kosten.

Die Felsformation Glöckner ist auch im Schnee ein tolles Ausflugsziel

Sind die Ski gepackt? Dann kann es direkt losgehen! Der Ausgangspunkt für diese Eskapade ist auch der Übernachtungsort: In den Premium-Ferienhäusern der Ferienhaus-Lichtung Ruhla genießt man einen Panoramablick in den verschneiten Winterwald. Je nach Ferienhaustyp sogar mit Sauna. Und das Beste: Der Schlitten steht schon vor der Tür! Also kann der Rodelhang, der sich unmittelbar neben den Ferienhäusern befindet, sofort getestet werden.

Wer sich lieber Ski unter die Füße schnallt, dreht zum Warmwerden und Technik-Training im beleuchteten Loipengarten Alte Ruhl seine Runden. Auch dieser liegt unmittelbar am Übernachtungsort und führt auf einer Gesamtstrecke von zwei Kilometern sogar an der Schanzenanlage vorbei. Ein abwechslungsreicher Einstieg in ein zauberhaftes Winterwochenende!

Zum Abendessen lädt das Restaurant Schützenhaus mit traditioneller Thüringer Küche direkt am Ferienpark ein (www.facebook.com/gaststaetteschuetzenhaus). Oder man probiert mal etwas völlig Neues aus und bucht einen Privatkoch (www.privatkoch-frauenberger.de). Der kocht dann live in der Ferienhausküche, erklärt, serviert und kümmert sich sogar um den Abwasch.

Am zweiten Tag im Winter-Wunderland darf der Thüringer Wald natürlich nicht zu kurz kommen! Für Skiwanderungen empfiehlt sich eine Etappe auf dem Skiwanderweg »Von Hütte zu Hütte« Start ist an der Ruhlaer Skihütte, wo sich auch ein Parkplatz befindet. Auf den gespurten Loipen entlang des sagenumwobenen Rennsteigs fährt man gelassen bis hinab zum Hubertushaus (www.hubertushaus-ruhla.de). Unterwegs ist das Steinmassiv und Naturdenkmal Glöckner ein toller Aussichtspunkt, der den Blick bis in die Rhön schwei-

Ein beliebter Ort für deftige Thüringer Küche ist die Ruhlaer Skihütte.

fen lässt. Ebenso lohnend ist ein Blick in die Schutzhütte kurz vorm Glöckner – diese wird zur Weihnachtszeit liebevoll dekoriert und lädt zu einer kurzen Rast ein.

Vom Hubertushaus aus führt dieselbe Strecke wieder zurück, dieses Mal mit einem anspruchsvollen Anstieg. Zur Belohnung wartet dann deftige Küche in der Ruhlaer Skihütte (ruhlaer-skihuette.eatbu.com) oder im benachbarten Waldhotel Rennsteighof (www.rennsteighof.de).

Wer lieber zu Fuß im Wald unterwegs ist, kann die Strecke auch nur bis zum Glöckner laufen. Dabei sollte man darauf achten, die Mitte zwischen den gespurten Loipen zu nutzen, damit alle Wintersportfans ungestört auf ihre Kosten kommen.

Der erlebnisreiche Tag im Schnee darf dann am knisternden Ofen ausklingen.

Hin & weg: Bushaltestelle Ruhla, Schwimmbad, Linien 140, 142. Parkplatz an der Ferienhaus-Lichtung, Altensteiner Straße 34, 99842 Ruhla.

Beste Zeit: Dezember bis Februar.

Dauer & Strecke: Ein Wochenende. Loipengarten Alte Ruhl 30 Min. für 2 km. Skiwanderweg Von Hütte zu Hütte 6 Std. inkl. Pausen für 17 km.

Ausrüstung: Ski, Winterkleidung, Thermoskanne.

Wenn es Nacht wird: Ferienhaus-Lichtung Ruhla (www.ferienhaus-lichtung.de).

FAZIT: FÜR EIN TRAUMHAFTES WINTERWOCHENENDE IST RUHLA DER PERFEKTE AUSGANGSPUNKT IM THÜRINGER WALD!

SONST NOCH WICHTIG

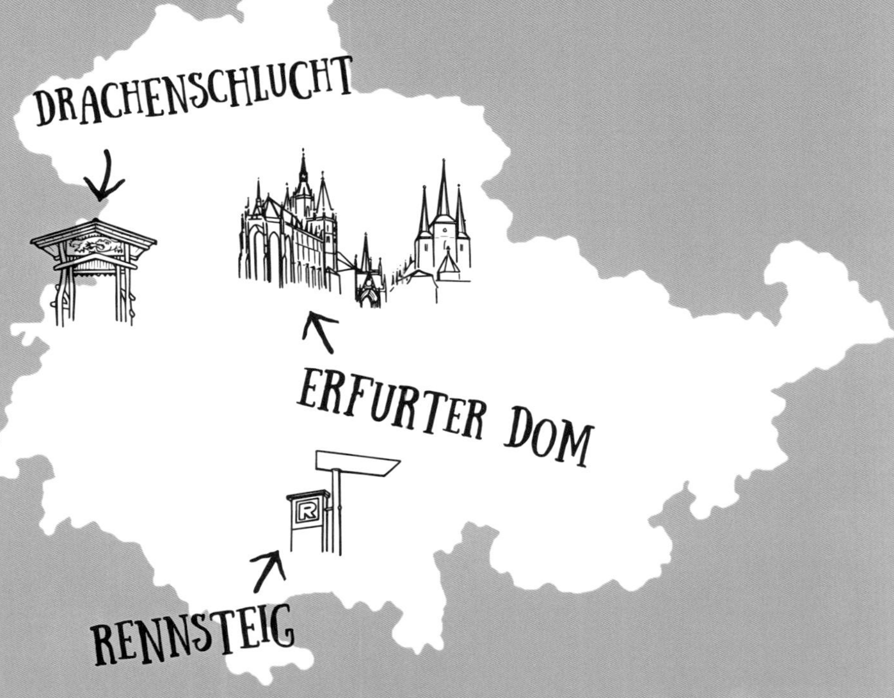

Ein- und Überblick

Karten für den schnellen Überblick, praktische Tipps, mehr über die Autorin sowie ein Ortsregister zum schnellen Nachschlagen gibt es auf den folgenden Seiten.

GPX-Download aufs Smartphone – so geht's

Voraussetzung:

Eine Outdoor-App muss installiert sein, z. B. KOMPASS, Outdooractive oder komoot. Zum Einlesen des QR-Codes benötigen ältere Android-Geräte eine QR-Code-App. Bei neueren Android- und iOS-Geräten ist diese Funktion in der Kamera integriert.

Daten downloaden:

1. Den QR-Code einlesen oder die Webadresse im Browser eingeben, um auf die Eskapaden-Website zu gelangen.
2. Die gewünschte Tour zum Download anklicken.
3. Bei iOS-Geräten werden die GPX-Daten direkt mit der vorab installierten App verknüpft. Bei Android-Geräten muss ggf. noch ein Weiterleiten-Button angeklickt werden (z. B. oben rechts im Display). Manche Apps zeigen den Tourverlauf starr an, andere verfügen über eine Navigationsfunktion.

Tourenverlauf

GPX-Daten zum kostenlosen Download www.dumontreise.de/eskapaden/erfurt-thueringer-wald

short.travel/f2kxm

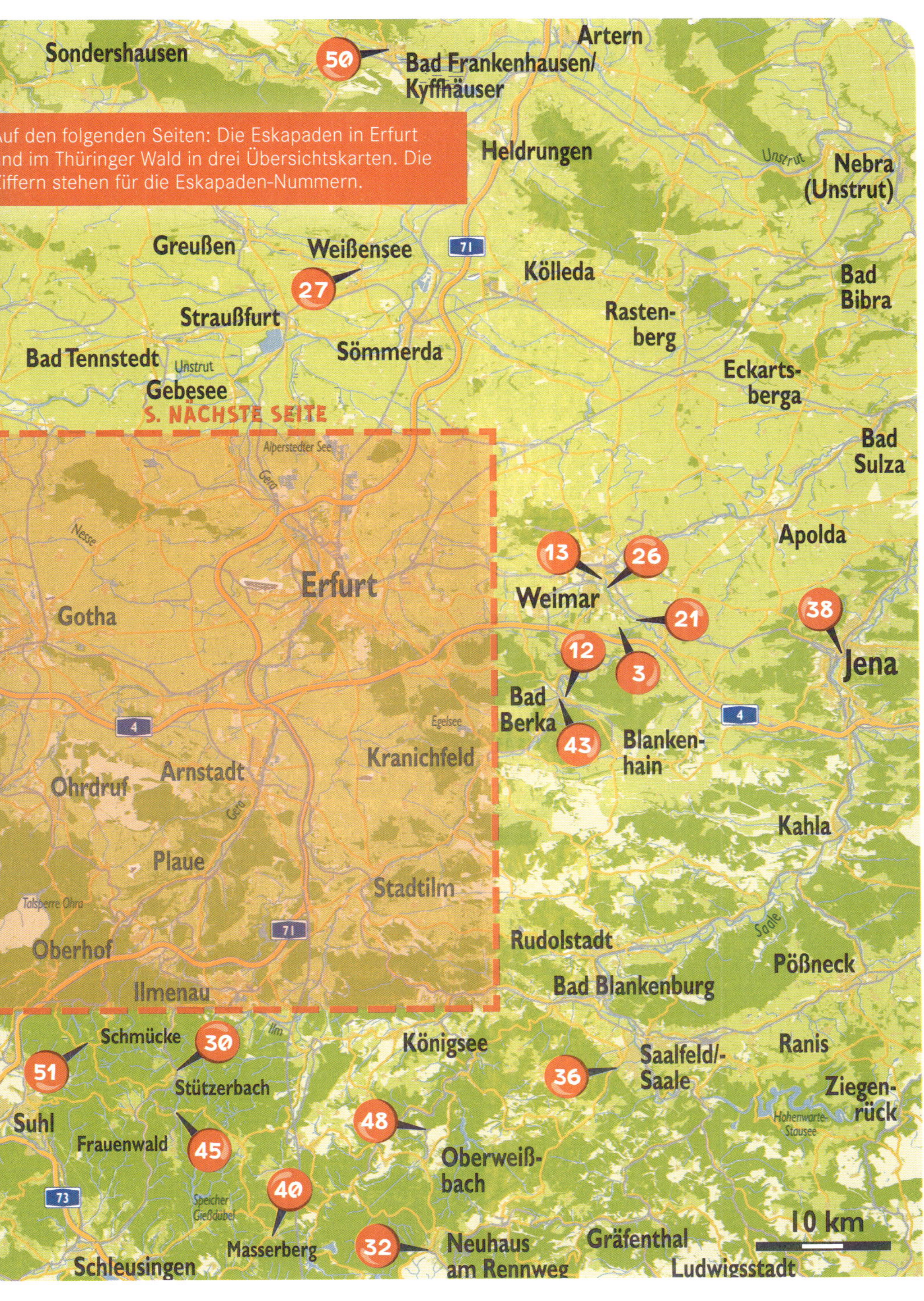
Sondershausen
50
Artern
Bad Frankenhausen/
Kyffhäuser
Auf den folgenden Seiten: Die Eskapaden in Erfurt und im Thüringer Wald in drei Übersichtskarten. Die Ziffern stehen für die Eskapaden-Nummern.
Heldrungen
Unstrut
Nebra (Unstrut)
Greußen
Weißensee
71
27
Kölleda
Bad Bibra
Straußfurt
Rasten-berg
Bad Tennstedt
Unstrut
Sömmerda
Eckarts-berga
Gebesee
S. NÄCHSTE SEITE
Alperstedter See
Bad Sulza
Gera
Nesse
Apolda
13
26
Erfurt
Weimar
38
Gotha
21
12
Jena
3
Bad Berka
4
Egelsee
4
43
Blanken-hain
Kranichfeld
Arnstadt
Ohrdruf
Gera
Kahla
Plaue
Stadtilm
Talsperre Ohra
Saale
71
Rudolstadt
Oberhof
Pößneck
Bad Blankenburg
Ilmenau
Schmücke
30
Ilm
Königsee
Ranis
51
Saalfeld/-Saale
36
Stützerbach
Ziegen-rück
Suhl
48
Hohenwarte-Stausee
Frauenwald
45
Oberweiß-bach
40
73
Speicher Gießübel
Masserberg
32
Neuhaus am Rennweg
Gräfenthal
10 km
Schleusingen
Ludwigsstadt

Weberstedt
Mihla
Nationalpark
Hainich
Craula
Behringen
Bad Langensalza
Unstrut
Dachwig
Döllstädt
Fahner Höhe
Gierstädt
Schmale Gera
Gera
Alperstedter See
Talsperre Vippachedelhausen
Vieselbach
Erfurt
S. NÄCHSTE SEITE
Stausee Wangenheim
Nesse
Eisenach
Werra
Gotha
Rot
Neudietendorf
Molsdorf
Thal
Etterwinden
Seebach
Ruhla
Waltershausen
Bad Tabarz
Friedrichroda
Hohenfelden
Nauendorf
Kranichfeld
Ilm
Botterode
Bad Liebenstein
Ohrdruf
Arnstadt
Crawinkel
Plaue
Tambach-Dietharz
Floh-Seligenthal
Brotterode-Trusetal
Talsperre Schmalwasser
Vorsperre Ohra
Stadtilm
Breitungen/Werra
Schmalkalden
Geschwenda
Talsperre Heyda
Oberhof
Steinbach-Hallenberg
Ilmenau
6 km
4
71

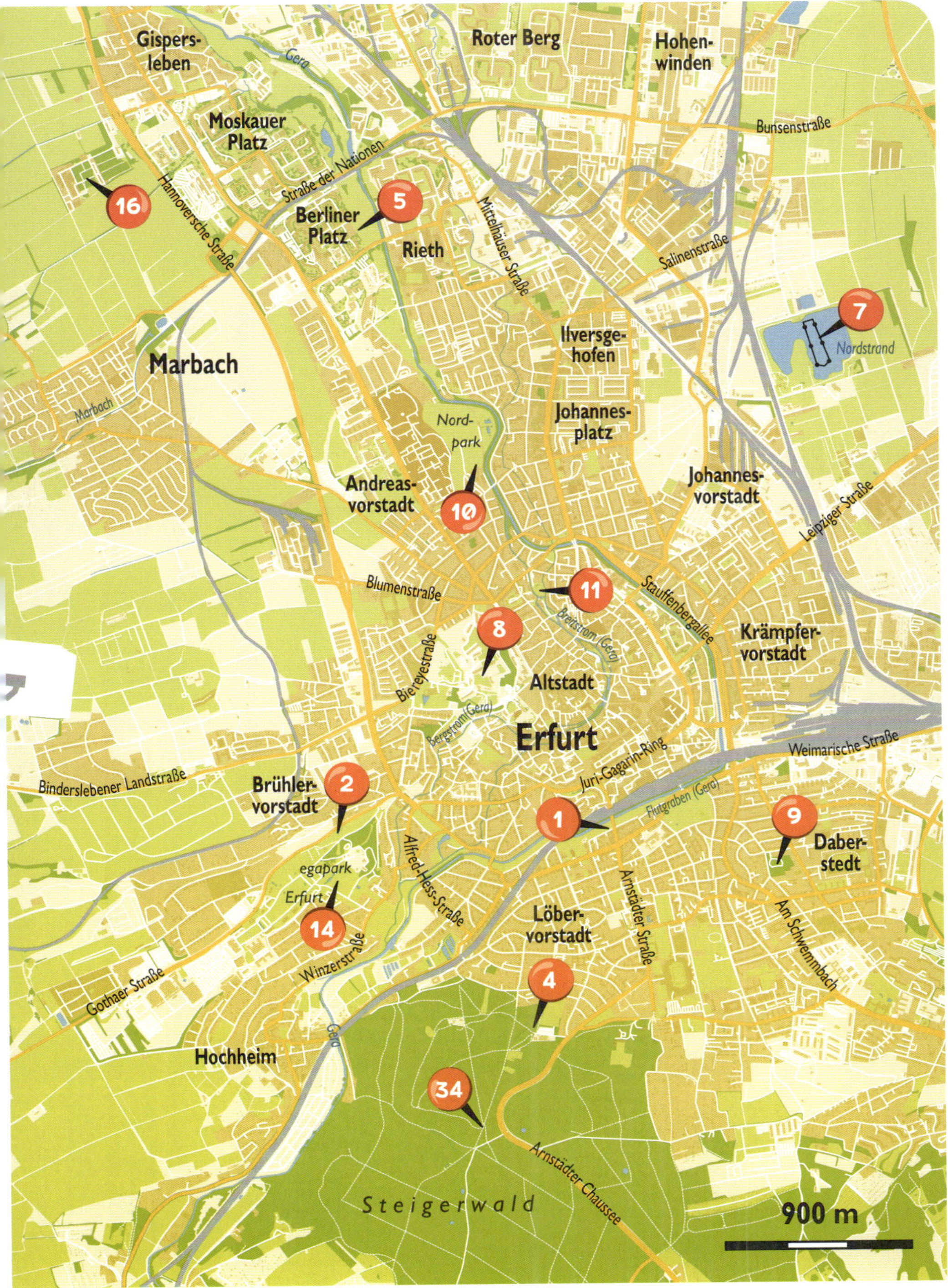

Gispersleben
Roter Berg
Hohenwinden
Gera
Moskauer Platz
Bunsenstraße
Straße der Nationen
16
5
Berliner Platz
Hannoversche Straße
Rieth
Mittelhäuser Straße
Salinenstraße
7
Nordstrand
Ilversgehofen
Marbach
Marbach
Johannesplatz
Nordpark
Andreasvorstadt
10
Johannesvorstadt
Leipziger Straße
Blumenstraße
11
Stauffenbergallee
8
Breitstrom (Gera)
Krämpfervorstadt
Bibereyestraße
Altstadt
Bergstrom (Gera)
Erfurt
Juri-Gagarin-Ring
Weimarische Straße
Bindersiebener Landstraße
Brühlervorstadt
2
Flutgraben (Gera)
1
9
Daberstedt
egapark Erfurt
Alfred-Hess-Straße
Arnstädter Straße
Am Schwemmbach
14
Löbervorstadt
Winzerstraße
Gothaer Straße
4
Gera
Hochheim
34
Arnstädter Chaussee
Steigerwald
900 m

NOCH MEHR ESKAPADEN …

ISBN 978-3-616-02803-3

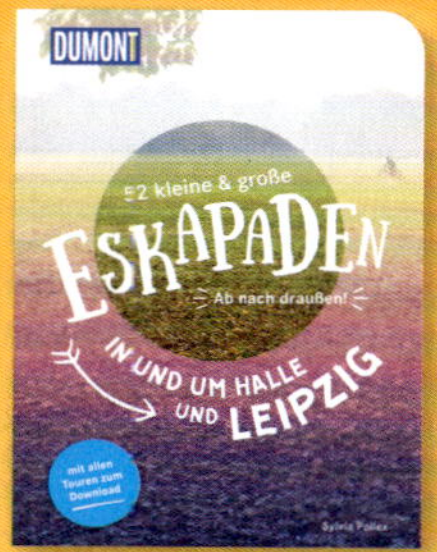

ISBN 978-3-7701-8074-5

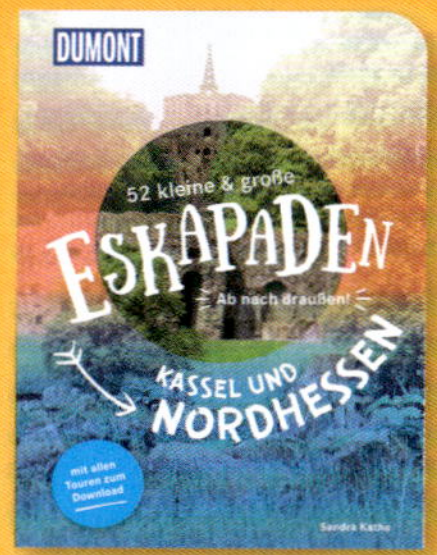

ISBN 978-3-616-11024-0

… erhalten Sie im gut sortierten Buchhandel
und unter www.dumontreise.de 

IMPRESSUM

Reihenkonzept Monique Sorban

Projektmanagement Tamara Siedler

Cover-/Buchgestaltung & Illustrationen Carolin Weidemann, Köln, www.weidemann-design.com

Umschlaggestaltung, Lektorat & Produktion Verlagsbüro Wais & Partner (Meike Diekmann, Corinna Ehmann, Julia Kant, Bea König), Stuttgart, www.wais-und-partner.de

Text & Fotos Julia Patzenhauer, Eisenach, www.julietravels.de; mit folgenden Ausnahmen:S. 12: Dompalais Erfurt GmbH, Foto: Dirk Hanus; S. 27, 29 l., o. r.: Lagune Erfurt, feelslike.erfurt; S. 57 r., S. 97: Bad Berka, Foto: Petra Hermann; S. 82: Tourismus GmbH Oberhof, Foto: Charmaine Dünkel; S. 84: Tourismus GmbH Oberhof, Foto: Michael Dünkel; S. 85: OUTDOOR INN GMBH & CO. KG; S. 89: Kur- und Tourismusamt Friedrichroda; S. 140, 142, 143: Saalfelder Feengrotten und Tourismus GmbH, Foto: Adrian Seeber; S. 164 l., 166: JenaKultur, Foto: Laura Kretzer; S. 164 r., 167: JenaKultur, Foto: Kathrin Schulz; S. 214: Regionalverbund Thüringer Wald, Foto: Adrian Greiter. Mit freundlicher Unterstützung der Klassik Stiftung Weimar.

Kartografie © KOMPASS, Innsbruck, unter Verwendung von Kartendaten von © OpenStreetMap-Mitwirkende, Lizenz CC-BY-SA 2.0

Printed in Poland

1. Auflage 2024

ISBN 978-3-616-02815-6

www.dumontreise.de

Weiterlesen

Feels-like-erfurt.de ist das online-Stadtmagazin von Erfurt, das auch über die Ortsgrenze hinaus Ausflugsziele vorstellt. Wer mit Kindern unterwegs ist, sollte das »Rosa Krokodil« (rosa-krokodil.de) im Blick behalten. Ebenso lesenswert – das »Thüringen Magazin« (gedruckt) von thüringen-entdecken.de

Geschmackssachen

Wer einen besonderen Senf zu seiner Thüringer Bratwurst sucht, wird im Born Senfladen Erfurt und in der Senfmühle Kleinhettstedt (Eskapade #45) fündig. Für süße Versuchungen sind das Café Waldschlößchen in Friedrichroda (#33) und die Teigmacher in Bad Tabarz (#24) eine tolle Wahl!

Ohne Auto

Mit dem Verkehrsverbund Mittelthüringen (VMT) gelangt man mit Bus und Bahn zu den meisten Ausflugszielen (vmt-thueringen.de) in Thüringen. In Erfurt ist die evag zuständig für Bus und Straßenbahn (evag-erfurt.de). Über die Erfurt Tourist Information können Fahrräder und E-Bikes ausgeliehen werden (erfurt-tourismus.de). Und Travel Buttler bietet sogar thüringenweit einen Fahrradverleih und Transferservice an (radfahren-in-thueringen.info).

Sicherheit & Notfälle

Zentrale Notrufnummer 112 – gebührenfrei, um Feuerwehr, Rettungsdienst und die Bergwacht zu alarmieren. Nummerierte Rettungspunkte im Wald beachten.

Vor Ort im Netz

Mit der Thüringer Wald App und der Schneeapp Thüringer Wald ist man zu allen Jahreszeiten bestens für ein Waldabenteuer gerüstet! Tipp: Touren vorher downloaden. Oft ist wenig Empfang im Wald.

ESKAPADEN-REGISTER ...

Alle Orte mit Seitenverweisen

... über die Autorin

Julia ist waschechte Thüringerin und auch nach einem Jahr in Australien gern zurück in die Heimat gekommen. Ihre Vision: das Reisen für Landsleute und Gäste so erinnerungsreich wie möglich zu gestalten. Dafür hat sie Tourismuswirtschaft in Eisenach studiert und geht dieser Leidenschaft auch in ihrer Selbstständigkeit als Texterin nach.

Ihre Lieblingsstadt? Erfurt! Nach zehn Jahren in der Landeshauptstadt ist sie jedoch mit Kind und Kegel zurück ins Werratal gezogen. Wohnen in ländlicher Region heißt mehr Natur, mehr Wandern und Radfahren! Auf ihrem Blog julietravels.de gibt sie ihre liebsten Thüringen-Empfehlungen weiter. Auf Instagram findet man sie unter @julies_travelblog

Spaß pur

Eskapade #19: Auf Thüringens längster Naturrodelbahn in Oberhof geht es erst rasant bergab, dann gemütlich wieder hoch. Zauberhafte Momente im schneebedeckten Wald gibt's obendrauf!

Die Mitte finden

Eskapade #8: Mitten in Erfurt findet man auf dem Petersberg an vielen Punkten einen herrlichen Blick über die Stadt. Gleichzeitig ist es ein Ort im Wandel, der sich ständig neu erfindet und Raum lässt, sich selbst zu suchen.

5 BESONDERE EMPFEHLUNGEN ...

Absolute Stille

Eskapade #43: Ein traumhafter Ort, um die beruhigende Stille der Natur zu genießen, ist das erste Waldbadezimmer auf dem Goethe-Erlebnisweg im Weimarer Land. Ankommen und zuhören. Durchatmen und genießen. Nirgends fällt es leichter zu schweigen und innezuhalten.

Abtauchen in andere Welten

Eskapade #36: In den Saalfelder Feengrotten treffen die »farbenreichsten Schaugrotten der Welt« mit einer bewegenden Bergwerk-Geschichte und heilsamer Stollenluft auf einen Wald mit zauberhaften Feen und verwunschenen Orten. Magie pur!

Beeindruckende Natur

Eskapade #23: Eine Schluchtentour in Thüringen? Diese wartet gleich hinter der Stadtgrenze Eisenachs auf mutige Wanderer, die sich nicht scheuen, in die Drachenschlucht hinabzusteigen. Nicht weniger beeindruckend ist die Landgrafenschlucht am Beginn der Tour.

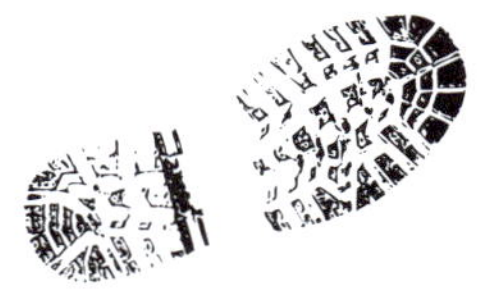